कैसे छुएँ आसमान

डॉ. एच. एल. माहेश्वरी

कैसे छुएँ आसमान

फंडा
funda

राधाकृष्ण प्रकाशन का उपक्रम

ISBN : 978-81-959484-7-5

मूल्य : ₹199

पहला संस्करण : 2023

राधाकृष्ण प्रकाशन का उपक्रम

प्रकाशक
राधाकृष्ण प्रकाशन प्राइवेट लिमिटेड
जी-17, जगतपुरी, दिल्ली-110 051

शाखाएँ : अशोक राजपथ, साइंस कॉलेज के सामने, पटना-800 006
पहली मंजिल, दरबारी बिल्डिंग, महात्मा गांधी मार्ग, प्रयागराज-211 001
वेबसाइट : www.radhakrishnaprakashan.com
ई-मेल : info@radhakrishnaprakashan.com

मुद्रक
बी.के. ऑफसेट
नवीन शाहदरा, दिल्ली-110 032

KAISE CHHUYEIN AASMAAN
by Dr. H.L. Maheshwari

क्रम

यह पुस्तक क्या करेगी

- आपको सपने देखने के लिए प्रेरित करेगी और उन्हें साकार करने का मार्ग बताएगी।
- आपको कार्य और संघर्ष करने की प्रेरणा देगी।
- आपको साहस और जोखिम भरे कदम उठाने के लिए प्रेरित करेगी।
- आपको प्रेरणा देगी कि आप अपने जीवन रूपी पौधे की जड़ कैसे जमाएँ और उस से फूल कैसे खिलाएँ?
- यह आपको अपने कार्य में डटे रहने की प्रेरणा देगी, जब तक आप अपने लक्ष्य को प्राप्त न कर लें।
- आपको यह भी प्रेरणा देगी कि जब आप असफलता के दौर से गुजर रहे हों तब भी खुशनुमा रहकर दुगनी शक्ति से उसका मुकबाला कैसे करें?
- यह पुस्तक आपको प्रेरणा देगी कि सफलता की राह पर दुबारा कैसे चलें?
- यह पुस्तक आपको पूर्णतया परिवर्तित करने की शक्ति रखती है।

मन की बात

हर व्यक्ति जीवन में सफल होना चाहता है। कोई व्यक्ति सफल वैज्ञानिक बनना चाहता है तो कोई सफल साहित्यकार, कोई सफल डॉक्टर या कोई सफल कलाकार या फिर व्यवसायी या उद्योगपति। क्षेत्र अलग-अलग हो सकते हैं, पर सफलता के सपने सभी संजोए रखते हैं।

यदि आपको सफल होना है, वह भी उच्चतम शिखर तक यानी सफलता का आसमान छूना है तो आपको सफलता के सूत्र या रहस्य को जानना होगा।

आपको यह जानना होगा कि जो लोग जीवन में सफलता के शिखर पर पहुँचे हैं, उन्हें इतनी बड़ी सफलता कैसे मिली? उनके समक्ष आई समस्याओं, बाधाओं, चुनौतियों का मुकाबला कैसे किया और किन-किन विशेषताओं के कारण उन्होंने असाधारण सफलता पाई?

सैकड़ों सफल व्यक्तियों के जीवन के अध्ययन के बाद मैंने यह पुस्तक लिखी है। इस पुस्तक में कुछ उन महान लोगों की प्रेरणादायक कहानियाँ भी हैं, जो शून्य से शिखर तक पहुँचे हैं, जो कभी गरीबी, अशिक्षा ओर असफलताओं से ग्रस्त रहे हैं, परन्तु उन्होंने हार मानने से इनकार कर दिया तथा अपने संघर्ष, लगन और हौसले के दम पर आसमान को छुआ है।

अगर आप अपनी जिन्दगी की दिशा और गुणवत्ता में परिवर्तन चाहते हैं, यानी सफलता की ऊँचाई पर चढ़ना चाहते हैं, तो आपको इसके लिए समर्पित होना पड़ेगा। आप यह पुस्तक पढ़ रहे हैं, जो इस बात का आभास देती है कि आप जिन्दगी में कुछ खोज रहे हैं। इसलिए आप उन बातों को व्यवहार में लाएँ, जो पुस्तक में बताई गई हैं। तब, आप पाएँगे कि आपके देखते-देखते जिन्दगी बदल रही है और आप सीढ़ी-दर-सीढ़ी ऊपर अपने बनाए सपनों की सीढ़ियों पर चढ़ते जा रहे हैं।

किसी शायर की इन पंक्तियों को हमेशा याद रखें—

जिन्दगी है तो सपने हैं,
सपने हैं तो मंजिल है
मंजिल है तो रास्ते हैं
रास्ते हैं तो मुश्किलें हैं
मुश्किलें हैं तो हौसले हैं
हौसले हैं तो विश्वास है
विश्वास है तो कामयाबी है।

पुस्तक में उपयोग किए गए उदाहरण, दृष्टान्त, पद्यांश, शे'रो-शायरी एवं शोध रिपोर्ट आदि सभी के स्रोत नोट नहीं कर पाया हूँ, लेकिन उन लोगों के प्रति मैं आभार व्यक्त करता हूँ।

पुस्तक लिखने में मेरी पत्नी श्रीमती लक्ष्मी, पुत्र डॉ. पंकज एवं पुत्रवधू डॉ. श्रद्धा माहेश्वरी द्वारा दिए गए सहयोग और प्रेरणा के प्रति उनका आभारी हूँ।

अन्त में पाठकों के लिए—

नई दिशाएँ, नए स्वप्न हों
नई प्रेरणा, नए लक्ष्य हों
ऊँची उड़ान हो आपकी
लेखक की है यही कामना।

—डॉ. एच. एल. माहेश्वरी

मन को छोटा मत करो, सम्मुख है आसमान
बस छूने को चाहिए, थोड़ा सा विश्वास
हर मंजिल मिल जाएगी, गर लो मन में ठान
क्षमता तो आप में छिपी, उसको लो पहचान।

1

सफलता का स्वाद चखिए

सफलता कौन नहीं चाहता? लोग मन-ही-मन सफलता की लुभावनी कल्पनाएँ करते हैं। कोई बहुत बड़ा खिलाड़ी बनना चाहता है, कोई हीरो बनने का सपना देखता है, कोई उद्योगपति बनना चाहता है तो कोई उच्च अधिकारी तो कोई राजनेता बनना चाहता है।

सफलता का स्वाद सभी चखना चाहते हैं। मनुष्य की फितरत है कि वह सफलता और यश की कामना करता है। फिर बड़े लोगों ने जिन्होंने सफलता का दुर्लभ स्वाद चखा है, उन्होंने अन्य लालायित जिह्वाओं को भी यही बताया है कि इसमें स्वाद और सुगन्ध ही नहीं सुरूर भी होता है।

सफलता का स्वाद उन्हीं को ज्यादा समझ में आता है जिनकी जिन्दगी अभावों और असफलताओं की बीच गुजरी है और जिन्होंने खुद अपना निवेश अपनी सफलताओं में सबसे अधिक किया हो। सफलता किराए पर नहीं मिलती।

आम से खास और अलग पहचान

आपको कितना सुखद अनुभव होता है जब आपका नाम होता है, लोग आपको जानते हैं, आपके बारे में सोचते हैं, आपको चर्चा का विषय बनाते हैं, आपका उदाहरण देते हैं, आपसे मिलने को लालायित रहते हैं, आप से प्रेरणा प्राप्त करते हैं लेकिन कब, जब आप सफलता के उच्चतम शिखर पर होते हैं। आप आम लोगों की भीड़ से निकल कर खास लोगों की श्रेणी में जा पहुँचते हैं। अपनी विशिष्ट पहचान बनाते हैं और अपनी सर्वोत्कृष्टता और अहमियत का लोहा मनवाने में सफल रहते हैं।

सफलता प्राप्ति के लिए शैक्षणिक योग्यता

सफल होने अथवा सफलता के शिखर पर पहुँचने के लिए यह जरूरी नहीं है कि आपके पास किसी विश्वविद्यालय की बड़ी डिग्री हो या किसी विषय में आपने विशेषज्ञता प्राप्त की हो। व्यावहारिक जीवन में हर स्थान पर केवल किताबी ज्ञान या सूत्र काम नहीं आते क्योंकि जीवन में कई बार ऐसी परिस्थितियाँ बन जाती है जब अनुभव और विवेक बड़े-बड़े काम कर जाते हैं। इसलिए आप यह मत सोचिए कि मैं अधिक पढ़ा-लिखा नहीं हूँ तो सफल नहीं हो पाऊँगा बल्कि यह सोचो और जानो कि कम पढ़े-लिखे लोगों ने कैसे सफलता पाई है?

कई लोग यह सोचा करते हैं कि अगर उन्हें स्कूल और कॉलेज में अच्छे ग्रेड नहीं मिले तो उनकी सम्भावनाएँ सीमित हैं और वे जीवन में कुछ भी प्राप्त नहीं कर पाएँगे।

देश हो या विदेश, ऐसे अनेक उदाहरण हैं जिनमें विद्यार्जन के दौर में कमजोर माने गए बच्चे या वे बच्चे, जिन्हें औपचारिक शिक्षा मिली ही नहीं, बड़े होने पर अपने कार्यक्षेत्र के दिग्गज बने। विज्ञान के क्षेत्र के शिखर पुरुष न्यूटन और आइंस्टीन कमजोर छात्रों की श्रेणी में आते थे। थॉमस अल्वा एडिसन के शिक्षक ने तो उनके लिए यहाँ तक कह दिया था कि यह लड़का कुछ सीख ही नहीं पाता। हवाई जहाज का आविष्कार करने वाले राइट बन्धुओं ने हाईस्कूल तक की औपचारिक शिक्षा भी पूरी नहीं की थी। श्रीनिवास रामानुजम गणित के जादूगर थे, लेकिन अन्य सभी विषयों में फेल होते थे। बिल गेट्स ने कॉलेज की शिक्षा पूरी नहीं की और धीरूभाई अम्बानी ने कोई औपचारिक शिक्षा प्राप्त नहीं की थी। ए.आर. रहमान ने स्कूली पढ़ाई अधूरी छोड़ी, वहीं लता मंगेशकर और आशा भोंसले ने औपचारिक शिक्षा पाई ही नहीं। इन लोगों और ऐसे ही कई और लोगों के उदाहरण साबित करते हैं कि कॅरियर बनाने, नाम कमाने, अपने हुनर से दुनिया संसार को समृद्ध करने और अपना जीवन सार्थक करने के लिए न रट्टू तोता बनना अनिवार्य है, न अच्छी पर्सेंटेज बनाना। जरूरत है अपने हुनर, अपने कौशल को माँजने की, उसे सँवारने की, नवोन्मेष करने की, साहस करने की और अथक परिश्रम के लिए सदा तैयार रहने की।

व्यावहारिक ज्ञान की एक दिलचस्प कहानी

एक बार पंडितजी नाव में बैठकर नदी पार कर रहे थे। रास्ते में मांझी से पंडितजी ने पूछा—भाई, तुम गणित जानते हो? उसने 'न' कह दिया। फिर वे भाषा, व्याकरण, भूगोल, इतिहास आदि के सम्बन्ध में पूछने लगे। हर बार उसने 'न' का सिर हिला दिया। वह कुछ भी पढ़ा-लिखा नहीं था। पंडितजी ने कहा—तब तो तुम्हारी जिन्दगी व्यर्थ चली गई। मांझी यह सुनकर सकपका गया। थोड़ी देर बाद तेज हवा चली। भयानक आँधी आई और नाव डगमगाने लगी। डूबने का खतरा देख, मांझी ने पंडितजी से पूछा—आपको तैरना आता है क्या?

अबकी बार पंडितजी ने न में सिर हिला दिया। मांझी ने कहा—तब तो आपकी जिन्दगी पूरी तरह चली गई। मेरी तो मात्र व्यर्थ ही गई थी। व्यावहारिक ज्ञान की महिमा भी कम नहीं है, यह उस समय पंडितजी को समझ में आया।

बिल्ली और उसके बच्चों के लिए 2 छेद

महान वैज्ञानिक न्यूटन जिन्होंने गुरूत्वाकर्षण के सिद्धान्त की खोज की, के घर पर उनकी बिल्ली ने बच्चे दिए। रात को जब घर के सभी दरवाजे बन्द हो जाते तो बिल्ली और उसके बच्चे बाहर निकलने के लिए ऊधम मचाते थे। न्यूटन ने बिल्ली और उसके बच्चों के लिए दरवाजे में 2 छेद, एक छोटा एक बड़ा बनाने के लिए नौकर को कहा। तब नौकर ने सुझाया कि केवल एक छेद ही काफी है क्योंकि जिस छेद से बिल्ली गुजरेगी, उसी छेद से बिल्ली के बच्चे आसानी से निकल जाएँगे। यह बात सुनकर न्यूटन हैरान रह गए कि इतनी मामूली-सी बात उन्हें क्यों नहीं सूझी। इससे यह स्पष्ट होता है कि कई बार ज्ञान, अनुभव और पद में छोटे व्यक्ति की सलाह भी महत्त्वपूर्ण सिद्ध होती है।

सफलता पाने के लिए आयु

इस बात से कोई अन्तर नहीं पड़ता कि आप युवा हैं या वृद्ध, पुरुष हैं या महिला, काले हैं या गोरे, गरीब हैं या अमीर? क्योंकि सफलता किसी से भेदभाव नहीं करती।

सफलता किसी भी आयु में मिल सकती है। उसके लिए कोई आयु सीमा निर्धारित नहीं है। कइयों ने युवावस्था में ही सफलता प्राप्त की है। ऐसे उदाहरण हैं जबकि कई लोग अपने जीवन की सांध्य वेला में ही सफलता के उच्चतम शिखर पर पहुँचे हैं। दोनों तरह के लोगों के कुछ उदाहरण दिए जा रहे हैं।

मार्टिन लूथर ने इक्कीस वर्ष की आयु में धार्मिक सुधारों के लिए क्रान्तिकारी हलचल पैदा कर दी थी। आइंस्टीन ने 15 वर्ष की आयु में ही प्रकांड पांडित्य प्राप्त कर लिया। नेपोलियन ने पच्चीस वर्ष की आयु में इटली पर विजय प्राप्त की थी। *न्यूटन* ने इक्कीस वर्ष का होने से पूर्व ही अपने महत्त्वपूर्ण आविष्कार कर डाले थे। *सिकन्दर* जब विश्व विजय को निकला तब वह कुल बाईस वर्ष का था। फ्रांस की क्रान्ति का नेतृत्व करने वाली जोन ऑफ आर्क सत्रह वर्ष की थी।

इसी प्रकार चेस्टरटन ने जब काव्य क्षेत्र में प्रवेश करके अपनी प्रतिभा से सबको आश्चर्य में डाल दिया था, तब वह इक्कीस वर्ष का था। विक्टर ह्यूगो जब पन्द्रह वर्ष के थे तब उन्होंने कई नाटक लिख लिए थे और तीन पुरस्कार जीते थे। एलेक्जेंडर ग्राहम बेल ने 20 वर्ष की आयु में काम प्रारम्भ किया और 29 वर्ष की उम्र में टेलीफोन बना लिया। राइट बन्धु 30 वर्ष की आयु में वायुयान बनाकर उड़ाने लगे थे।

आदि शंकराचार्य 32 वर्ष के जीवन काल में विशाल साहित्य रच गए एवं चारों धामों की स्थापना कर गए। स्वामी विवेकानन्द ने 31 वर्ष से कम आयु में शिकागो धर्म सभा में अपने पहले ही व्याख्यान में अभूतपूर्व ख्याति अर्जित की और मात्र 39 वर्ष की जीवनकाल में संसार को इतना ज्ञान एवं प्रेरणा साहित्य दे गए जो अनन्तकाल तक लोगों को जीवन-निर्माण की राह दिखाता रहेगा।

बिल गेट्स ने 19 वर्ष की आयु में माइक्रोसॉफ्ट कम्पनी खड़ी कर दी थी और स्टीव जाब्स ने 17 साल की उम्र में एप्पल कम्प्यूटर्स की स्थापना की थी।

फ्रेड स्मिथ ने 25 वर्ष की आयु में फेडरल एक्सप्रेस की स्थापना की थी और टॉम मोनाहम ने 23 वर्ष की आयु में डोमिनोज पिज्जा की नींव रखी।

जीवन की सांध्य वेला में सफलता के कीर्तिमान

जीवन की सांध्य वेला जिसमें व्यक्ति अपने को वृद्ध, असहाय, दीन-हीन समझकर बिस्तर पकड़ लेता है, उम्र के इस अन्तिम पड़ाव में लोगों ने सफलता के कीर्तिमान अर्जित किए हैं—

प्रख्यात अंग्रेजी कवि लांगफैलो ने अपनी पुस्तक *मारी च्यूरी सैल्यूटेमस* में लिखा है कि मुझे यह देखकर अत्यन्त आश्चर्य हुआ कि अस्सी वर्ष की अवस्था में कैरो ने यूनानी भाषा सीखी तथा अनेकों यूनानी दुर्लभ ग्रंथों का अनुवाद अंग्रेजी में किया। अस्सी ही वर्ष की आयु में सोफोक्लीज ने अपना महान ग्रंथ *ओउपल* पूरा किया जिस पर उसे अनेकों पुरस्कार प्राप्त हुए। थियोफ्रास्ट जब 90 वर्ष का हुआ तब उसने *कैरेक्टर ऑफ ही मैन* लिखना शुरू किया। इस ग्रंथ को एक महान साहित्यिक कृति माना जाता है।

ऐसे भी इस तरह के कई उदाहरण मिलते हैं जब लोगों ने जीवन के उत्तरार्द्ध में ही ऐसे काम किए जिनसे वे विश्व विख्यात हो गए। अंग्रेजी कवि मिल्टन 43 वर्ष की आयु में अन्धे हो गए थे। अन्धे होने पर उन्होंने अपना सारा ध्यान साहित्य सृजन पर केन्द्रित किया और 50 वर्ष की आयु में *पैराडाइज लास्ट* लिखा। जर्मन कवि गेटे ने 80 वर्ष की आयु में अपना प्रसिद्ध ग्रंथ *फास्ट* पूरा किया था। 92 वर्ष का अमेरिकी दार्शनिक जानडेवी अपने क्षेत्र के अन्य सभी विद्वानों में अग्रणी था।

महान साहित्यकार जॉर्ज बर्नार्ड शॉ ने 90 से 93 वर्ष की आयु के बीच इतना अधिक साहित्य लिखा जितना कि वे 50 से 90 की आयु के बीच नहीं लिख पाए थे। दार्शनिक वेनोदित्तों क्रोचे 80 की अवस्था में भी नियमित रूप से 10 घंटे काम करते थे। उन्होंने दो पुस्तकें तो 85 वर्ष की अवस्था में ही लिखीं। नोबेल पुरस्कार विजेता साहित्यकार मारिल मैटरलिक ने 88 वर्ष की आयु में द *एवाट ऑफ सेटुवाल* नामक पुस्तक लिखी, जिसे उनकी रचनाओं में सर्वश्रेष्ठ माना जाता है।

ब्रिटिश राजनीति का इतिहास जिनने पढ़ा होगा, वे जानते होंगे कि ग्लेडस्टन 79 वर्ष की आयु में तीसरी बार प्रधानमंत्री बने थे और 84 वर्ष की आयु में उन्होंने *ओडेसी ऑफ हॉरर* नामक ग्रंथ की रचना की। आठवीं जर्मन सेना का सेनापतित्व जब पालवान हिण्डैन वर्ग को सौंपा गया तो वे 67 वर्ष

के थे। 78 वर्ष की आयु में वह पार्लियामेंट के अध्यक्ष चुने गए और 87 वर्ष की आयु तक इसी पद पर प्रतिष्ठित रहे। हैनरी फिलिनिम पिटैन जब फ्रांस के प्रधानमंत्री बनाए गए तब उनकी आयु 84 वर्ष की थी। लॉयड जॉर्ज ब्रिटेन के मूर्धन्य राजनेता रहे हैं। 85 वर्ष की आयु में भी उनमें युवकों जैसी स्फूर्ति और काम करने की शक्ति थी। चर्चिल ने दूसरे विश्वयुद्ध के समय जब इंग्लैंड का प्रधानमंत्री पद सँभाला तो वे 80 वर्ष के थे। जनरल मेक आर्थर 90 वर्ष की आयु में भी 45 वर्ष की आयु वाले व्यक्तियों समान सक्रिय रहे।

अनेक भारतीय मनीषियों-विद्वानों ने भी जीवन के अन्तिम पड़ाव में ऐसी ही प्रतिभा का परिचय दिया है। बाणभट्ट ने अपनी अमर कृति *कादम्बरी* का सृजन जीवन के अन्तिम दिनों में ही आरम्भ किया था और उसे अधूरा छोड़कर चल बसे थे। बाद में उनके बेटे ने उस कार्य को पूरा किया। जीवन के अन्तिम चरण में विनोबा चीनी भाषा सीख रहे थे। संस्कृत के पारंगत सातवलेकर जब 75 वर्ष के थे, तब वेदों का भाष्य आरम्भ किया और सारे आर्षग्रंथों का सटीक अनुवाद कर 'जीवेम शरदः शतम्' की उक्ति सार्थक की।

राजनीति क्षेत्र में भी अनेक नक्षत्र जन्मे जो वृद्धावस्था के बावजूद राजनीति में अपना वर्चस्व बनाए रहे। महात्मा गांधी, विंस्टन चर्चिल, बेंजामिन फ्रैंकलिन, डिजरैली, ग्लेडस्टोन आदि ऐसे ऐतिहासिक पुरुष हैं जो अपनी वृद्धावस्था की चुनौतियों के बावजूद बहुत सक्रिय बने रहे, सुखी रहे और अपने देश की अमूल्य सेवा में अनवरत रूप से लगे रहे।

संसार में कुछ ऐसे भी व्यक्ति हुए हैं जिन्हें जीवन के पूर्वार्द्ध में विज्ञान का अक्षरज्ञान भी नहीं था, पर जीवनयात्रा के उत्तरार्द्ध में उन्होंने विज्ञान को अपनी बहुमूल्य सेवाएँ दीं और मूर्द्धन्य विज्ञानी बने। सर हेनरी स्पेलमैन अग्रगण्य विज्ञानवेत्ता हुए हैं। वे 60 वर्ष तक दूसरी तरह के काम करते रहे। इस उम्र में उन्हें वैज्ञानिक बनने की सूझी। उन्होंने साइंस की पुस्तकें पढ़नी आरम्भ कीं और उस दिशा में उनकी बढ़ती दिलचस्पी से उच्चकोटि की वैज्ञानिक सफ़लताएँ प्राप्त कीं।

2

सपने सँजोइए

सपने सफलता के लिए अनिवार्य हैं। चाहे आप के पास और कुछ हो या न हो, परन्तु आप के पास एक सपना जरूर होना चाहिए। अगर आपके पास सपना ही नहीं है तो आप उसे साकार कैसे कर सकते हैं?

हेलन केलर से पूछा गया—"अन्धे पैदा होने से बुरी बात क्या होगी?" उनका उत्तर था—"आँखें होने के बाद भी सपना न देखना।"

अगर आप महान सपने देख सकें, तो सचमुच सब कुछ सम्भव है। अपने सपनों में विश्वास करें और फिर पूरी ताकत से उनका पीछा करें।

मार्क ट्वेन का कथन है—

> *अपने सपने कभी भी न छोड़ो। जब सपने लुप्त हो जाते हैं तब जीवन भी लिप्त होगा, खाली साँसें चलती रहेंगी।*

सभी सफल व्यक्तियों का उस लक्ष्य का सपना होता है जिसे वे प्राप्त करना चाहते हैं। यह सपना उनके हर प्रयास और शक्ति के पीछे की ऊर्जा बन जाता है जो उन्हें सभी समस्याओं से सफलतापूर्वक निकालकर आगे ले जाता है।

सपनों और लक्ष्यों में क्या अन्तर है? वास्तव में लक्ष्य आपके सपनों का ही अधिक विस्तार। वह आपके सपनों की सीढ़ियाँ है। लक्ष्य वह सपना है जिसकी समय सीमा है।

लक्ष्य आपके सपनों पर ध्यान केन्द्रित करने में सहायता करते हैं और यह स्पष्ट करने में सहायता करते हैं कि आप उन्हें कब प्राप्त करना चाहते हैं? वे सपनों को साकार करने की सीढ़ियाँ हैं।

सपने क्यों

सपने के सच के लिए, लक्ष्य को पूरा करने के लिए खुशी-खुशी घंटों मेहनत की जाती है। समय को पंख लग जाते हैं, मनोबल बढ़ जाता है और फिर अपनी पहचान और उपलब्धियों की कहानियाँ जन्म लेने लगती हैं।

किसी ने ठीक ही कहा है—

नील गगन ने किया इशारा
आओ एक ऊँची उड़ान भरो
अपने मन के पंख पसारो
अपनी एक पहचान करो।

सपनों का निर्माण

सफल एवं महान व्यक्ति अपना काम दृढ़ता से करते हैं। इसका मुख्य कारण होता है—सपना। वे सपनों का निर्माण करते हैं। जिन्दगी प्रसन्नता से जीने की कुंजी है, सपना। उसी के कारण हमारा अपने जीवन पर नियंत्रण रहता है। स्वतंत्र विचार करना हमारा जन्मसिद्ध अधिकार होता है। उसका उपयोग करना या नहीं, इसे हमें तय करना है। जब तक आपके पास सपना है तब तक आपका जो भी करने की इच्छा है, आप कर सकते हैं।

तभी तो किसी ने कहा है—

यों तो हर आँख देखती है तरह-तरह के सपने मगर
सपनों का अधिकार उसे है जो उन्हें कर सके साकार।

सपनों की शक्ति

उन महान लोगों को किस चीज ने वह शक्ति दी जिससे वे इतनी बड़ी मुश्किलों को पार कर सफल हो पाए? उनमें से हर एक के पास अन्दरूनी सपना था, जिसने एक ऐसी मशाल जला दी, जो बुझाई नहीं जा सकती थी। महज सपने 'अन्दरूनी काम' के रूप में प्रारम्भ होते हैं।

यदि आपकी इच्छा शक्ति दृढ़ है तो वह आपके सपने को जिन्दा रखेगी और आपको वे चीजें मिलना शुरू हो जाएँगी जो अभी तक आपके पास नहीं थीं क्योंकि जॉर्ज बर्नाड शॉ का कथन है—

> *"जैसा आप सोचते हैं, दृढ़ इच्छा रखते हैं वैसे ही आप बन जाते हैं। इसे सपनों की शक्ति कहते हैं, जो आपके भाग्य को बदल देती है।"*

पाल हार्वे का कथन है कि—

> *किसी अन्धे आदमी की दुनिया उसके स्पर्श की सीमाओं में बँधी रहती है, अज्ञानी व्यक्ति की दुनिया उसके ज्ञान की सीमाओं से और महान आदमियों की दुनिया उसके सपनों की सीमाओं से।*

बड़ा सपना बड़ी सफलता

एक बार सपना बन गया, आस बन गई कि मिलना ही चाहिए। ऐसा हो गया कि उसके लिए आप कुछ भी करने को तैयार हो जाते हैं। जो लोग सही अर्थ में कामयाबी की चोटी पर होते हैं, उनके पास अपना एक विशाल सपना होता है और वही सपना उन्हें गतिशील बनाए रखता है और सपना जितना बड़ा होगा, सफलता भी उतनी ही बड़ी होगी।

हमारा मस्तिष्क एक शक्तिशाली मशीन है जिसे सही दिशा में घुमा कर आप चामत्कारिक परिणाम प्राप्त कर सकते हैं। इसलिए सपने देखो ऊँचे, बहुत ऊँचे क्योंकि जैसे आप सपने देखेंगे वैसे ही बन जाएँगे। जितने बड़े सपने देखेंगे, आप उतनी ही बड़ी सफलता पाएँगे। यह प्रकृति का नियम है जिसे अपना कर दुनिया के करोड़ों लोग चमत्कार कर चुके हैं।

अद्‌भुत उत्साह का संचार

अपने सपनों का पीछा करने की जरूरत और उसे साकार होने की सम्भावना के बारे में जब आप पूरी तरह विश्वस्त हो जाते हैं तब आपके शरीर में अद्‌भुत उत्साह का संचार हो जाता है। अपनी जिन्दगी में कुछ वर्ष आप जोड़ देते हैं

और इससे भी महत्त्वपूर्ण बात यह है कि आप अपनी जिन्दगी को एक आदर्श हेतु एक अर्थ देते हैं।

कहा गया है—

पथ पर केवल पाँव नहीं चलते
जीवन के विश्वास चला करते हैं
नभ में पक्षी के पंख नहीं
सपनों के विश्वास उड़ा करते हैं!

आकांक्षा की चिंगारी

सपनों की वजह से इच्छा का रूपान्तर उसे पूरा करने में हो जाता है। सपना देखने से आपके अन्दर तीव्र आकांक्षा की एक चिंगारी उत्पन्न होती है और आपको जो चाहिए, उसे पाने के लिए आप संघर्ष की उड़ान भरने लगते हैं।

किसी शायर ने कहा है—

अभी मिटाना है दूरियाँ कुछ अभी है कुछ आसमां बाकी
वो जिसका सपना है मैंने देखा, अभी मेरी उड़ान बाकी है।

"जब इनसान स्वयं पर भरोसा रखकर अपने सपनों की ओर चलने लगता है और मनचाही जिन्दगी जीने के लिए संघर्ष करने लगता है तो उसे सफलता मिलती ही है अन्यथा वह कभी सफल नहीं हो सकता।"

सपने के साथ आत्मविश्वास, लगन और संकल्प हो तो उसकी सफलता में कोई सन्देह नहीं, सफलता तय है। कुंजी यह है कि अगर आप उसे सचमुच साकार करना चाहते हैं, तो आप उस सपने के प्रति समर्पित होने और संघर्ष करने के लिए तैयार हों।

कॉलिन पावेल का कथन है कि—

> *कोई भी सपना जादू करके हकीकत नहीं बन सकता। इसमें पसीना, दृढ़ संकल्प और कड़ी मेहनत लगती है।*

हमें कहाँ होना चाहिए

ऊँचाई तक पहुँचने वालों के पास एक दृष्टि होती है। एक सपना होता है। सपने से ही दृष्टि मिलती है। ये लोग यह नहीं देखते कि हम कहाँ है? वे देखते हैं कि हमें कहाँ होना चाहिए? वहाँ तक पहुँचने के लिए वे दीवाने बन जाते हैं। अपने ख्वाबों (सपनों) को पूरा करने के लिए रात-दिन एक कर डालते हैं।

किसी शायर ने क्या खूब कहा है—

जिन्हें सपने देखना अच्छा लगता है
उन्हें रात छोटी लगती है
और जिन्हें सपने पूरे करना अच्छा लगता है
उन्हें दिन छोटा लगता है।

सफलता के द्वार

जीवन में सफलता उन्हीं व्यक्तियों को मिलती है जो मन में उसे पहले प्राप्त कर चुके हैं। जिन्होंने जीवन के स्वप्नों को सत्य किया है, वे पहले अपने मन में उसे सत्य कर चुके थे। उनकी सफलता का रहस्य भी इसी में था। यदि हम अपने स्वप्नों को सत्य बनाना चाहते हैं तो हमें भी यही रास्ता अपनाना पड़ेगा। हमारा सफलता का स्वप्न ही वास्तविक सफलता का द्वार खोलेगा।

किसी शायर ने ठीक ही कहा है—

जब होगा मन में विश्वास तब नई राह मिल जाएगी
सपनों में देखी हर चीज पल भर में मिल जाएगी
बस तुम्हें इतना करना है, विपदाओं से लड़ना है
कर्म रूपी रथ पर चढ़कर आगे-आगे बढ़ना है।

3

लक्ष्य बनाइए

जीवन में सफलता उन्हें ही मिलती है जो अपना एक लक्ष्य बना कर उसकी पूर्ति के लिए प्रयास करते हैं। जब वे अपनी इच्छाओं को क्रियात्मक रूप दे देते हैं तो मार्ग स्वत: ही अनुकूल हो जाता है। लक्ष्य सफलता के लिए उसी प्रकार आवश्यक है, जिस प्रकार जीवन के लिए हवा आवश्यक है। कोई भी व्यक्ति बिना हवा के जिन्दा नहीं रह सकता और कोई भी बिना लक्ष्य के सफलता नहीं पा सकता।

जीवन एक सफर है और इसमें लक्ष्य की अपनी अहम भूमिका है। आखिर हमारे द्वारा पूर्व निर्धारित किया गया लक्ष्य ही हमें चलने की ऊर्जा और दिशा देता है। उद्देश्य ही तो वह घोल है, जो हमारे भीतर छिपी हुई ऊर्जा को तरंगित कर उसे जगाता है और व्यक्ति की इस सोई हुई ऊर्जा को दिशा देकर उसे मंजिल तक पहुँचाने का मार्ग प्रशस्त करता है।

किसी ने ठीक ही कहा है—

निगाहों में मंजिल थी हम चलते रहे
गिरे और गिर कर सँभलते रहे
हवाओं ने कोशिश बहुत की मगर
चिराग आँधियों में भी जलते रहे।

लक्ष्यों क्यों जरूरी है

जीवन में सफलता पाने के लिए कुछ-न-कुछ लक्ष्य जरूर होना चाहिए। कहा जाता है कि लक्ष्यहीन व्यक्ति करता तो बहुत कुछ है, लेकिन पाता कुछ भी

नहीं है। जिस तरह घड़ी का पैण्डुलम हिलता-डुलता तो है, मगर पहुँचता कहीं नहीं। इसलिए जीवन लक्ष्य का होना जरूरी है ठीक एक कैमरे की तरह जिसे एक तस्वीर लेने लिए फोकस करना पड़ता है। हमें भी सफल जीवन के लिए लक्ष्य बनाने की जरूरत होती है।

एक मल्लाह के पास एक दिशा सूचक यंत्र और एक नक्शा होता है और इसी प्रकार हरेक मार्गदर्शक के पास भी। यदि उनके पास यह सब न हो तो वे चक्कर लगाते, घूमते फिरें और कभी अपनी मंजिल पर न पहुँच पाएँ।

समुद्र सभी के लिए एक ही है, पर कुछ उसमें से मोती ढूँढ़ते हैं, कुछ उसमें से मछली ढूँढ़ते हैं और कुछ सिर्फ अपने पैर गीले करते हैं।

जिन्दगी समुद्र की भाँति ही है। यह सिर्फ हम पर निर्भर है कि इस जीवन रूपी समुद्र से हम क्या पाना चाहते हैं, हमें क्या ढूँढ़ना है, हमारा लक्ष्य क्या है?

अर्थ और उद्देश्य का अहसास

विक्टर फ्रैंकल का कहना है कि—

> *इनसान की सबसे बड़ी जरूरत जिन्दगी में अर्थ और उद्देश्य का एहसास होना है। लक्ष्य आपको अर्थ और उद्देश्य, दोनों का एहसास दिलाते हैं। लक्ष्य आप को दिशा का भी एहसास कराते हैं और आपकी कार्यक्षमता और कुशलता का विकास करते हैं। अपने लक्ष्यों की ओर बढ़ते समय आप ज्यादा प्रसन्न और शक्तिशाली महसूस करते हैं। ये आपकी प्रेरणा का स्तर भी ऊँचा करते हैं और आप ज्यादा ऊर्जावान और प्रभावी महसूस करते हैं। लक्ष्यों की ओर आपका हर कदम इस विश्वास को बढ़ा देता है कि आप आगे चलकर बड़े लक्ष्य निर्धारित कर सकते हैं और उन्हें प्राप्त कर सकते हैं।*
>
> *लक्ष्य आपके सकारात्मक मस्तिष्क का ताला खोलने की कुंजी है और मंजिल तक पहुँचाने वाले मददगार विचारों और ऊर्जा को प्रवाहित करते हैं। लक्ष्यों के बिना आप बस जीवन की लहरों पर*

डूबते-उतरते रहते हैं, जबकि लक्ष्य तीर की तरह उड़कर सीधे निशाने पर पहुँच जाते हैं।

आप जब कोई लक्ष्य निर्धारित करते हैं तो प्रारम्भिक रूप से आप यह एहसास करते हैं कि आपके पास उसे पाने की सम्भावनाएँ मौजूद हैं और उसे पाने के लिए आप लम्बे समय तक पर्याप्त मेहनत करने की इच्छा रखते हैं।

लक्ष्य न होना दुखद है

लक्ष्य के बारे में बेंजामिन मोयस का कहना है—

जीवन में लक्ष्य को प्राप्त न कर पाना दुखद नहीं है, पर जीवन में लक्ष्य ही न होना दुखद है। अधूरे सपने लेकर दुनिया से जाना समस्या नहीं है, पर सपने ही न देख पाना समस्या है।

भारत के भूतपूर्व प्रधानमंत्री जवाहरलाल नेहरू का कथन है—

सफलता अक्सर उन लोगों के पास आती है जो लक्ष्य की प्राप्ति के लिए जोखिम उठाते हैं और काम करते हैं। यह शायद ही कभी उन कायरों के पास आती है जो हमेशा परिणामों से डरते हैं।

लक्ष्य की रस्सी को खोलना

एक द्वीप में बैठकर मद्यपान कर रहे दो व्यक्तियों की एक रोचक कहानी है। आधी रात के लगभग वे लड़खड़ाते हुए अपनी नाव की ओर आए और चप्पू थाम कर नाव खेने लगे। द्वीप से दो घंटों के अन्दर उन्हें महाद्वीप पर पहुँच जाना चाहिए था, पर जब प्रात: पौ फटी तो उस समय भी वे उस द्वीप से सटे हुए थे और अभी तक नाव खे रहे थे। जिस रस्से से नौका को द्वीप से बाँध रखी थी, वे उसे ही खोलना भूल गए थे।

हम में से बहुत-से लोग उन दो व्यक्तियों के समान हैं। हम काम तो करते हैं, और करते ही जाते हैं, लेकिन लक्ष्य के अभाव में पहुँचते कहीं नहीं। हम नशे में तो नहीं हैं, पर उदासीन अवश्य हैं। आगे बढ़ने, सफलता अर्जित करने के लिए हम अपनी जीवनरूपी नाव खेते हैं, पर अपने दोषों और कमियों से बाँध रखी लक्ष्य रस्सी खोलना भूल जाते हैं। इसलिए हम आगे नहीं बढ़ पाते।

बिना पता लिखा लिफाफा

लक्ष्यहीन लोगों की स्थिति ठीक वैसी ही होती है जैसी बिना पते लिखे लिफाफे की। एक व्यक्ति अपने मित्र को पत्र लिखता है। कागज सुन्दर है। बेल-बूटेदार आर्ट पेपर लिया है। अक्षर भी सुन्दर, सुडौल हैं। स्नेहमय शब्द के साथ उसने मैत्री भरा पत्र लिखा है। उसके पत्र में स्नेह की वर्षा हो रही है कि पढ़ने वाले के दिल में प्रेम के फव्वारे उठने लगे। इतना सब कुछ लिखने के बाद उसने पत्र को लिफाफे में बन्द किया और लिफाफे के ऊपर अपने मित्र का नाम लिखा, किन्तु गन्तव्य स्थान यानी उस जगह का नाम नहीं लिखा जहाँ पत्र को पहुँचना था, और पत्र को लेटर बाक्स में डाल दिया। अब आप ही बताइए कि क्या पत्र निश्चित जगह पर पहुँच जाएगा? नहीं, उसके मित्र के हाथों वह पत्र नहीं पहुँच सकता, क्योंकि उसमें पत्र की मंजिल (लक्ष्य) नहीं लिखी।

रेल यात्री का गन्तव्य स्टेशन

जिन्दगी की सफर हम कर रहे हैं। हमें लक्ष्य का पता नहीं, यह कितनी बड़ी विडम्बना है! यह तो वैसा ही उदाहरण हुआ कि एक व्यक्ति रेलवे स्टेशन पर पहुँचा। रेलगाड़ी आई, उसने डिब्बे में प्रवेश किया। इंजिन ने सीटी दी। गाड़ी छूटने को ही थी कि उसके निकट बैठे व्यक्ति ने पूछ लिया कि आप कहाँ जा रहे हैं। उसने उत्तर दिया—भाई पता नहीं कि कहाँ जाना है? ऐसे व्यक्ति को आप क्या कहेंगे—सिरफिरा या बुद्धू? इसे ज्ञात नहीं है कि कौन से स्टेशन पर उतरना है। खैर, वह तो सिरफिरा या बुद्धू है और यह भी सम्भव है कि स्टेशन पर एक भी आदमी ऐसा न मिले, किन्तु जिन्दगी

या जीवन के स्टेशन पर प्रतिदिन हजारों लाखों ऐसे व्यक्ति मिल जाएँगे जो जीवन की रेल में बैठ चुके हैं, किन्तु उन्हें यह पता नहीं है कि उन्हें कहाँ उतरना है यानी उनकी मंजिल या लक्ष्य कहाँ है? इसी बात को लक्ष्य करके किसी शायर ने कहा है—

चढ़ गए हैं रेल गाड़ी पर अपना सीना ताने
जाना कहाँ है, मंजिल कहाँ है, ऊपर वाला जाने।

कोहरे में कार चलाना

लक्ष्यों के बगैर जीना मानो कोहरे में कार चलाना है। आपकी कार कितनी भी दमदार और बढ़िया क्यों न हो, आपको अच्छी से अच्छी सड़क पर भी उसे धीमी गति से झिझकते हुए चलाना पड़ेगा, वह गति नहीं पकड़ पाएगी। लक्ष्य स्पष्ट होने से कोहरा छँट जाता है और आपको अपनी योग्यताओं और क्षमताओं पर ध्यान केन्द्रित करने तथा उसका उपयोग करने का अवसर मिल जाता है। स्पष्ट लक्ष्य आपको सामर्थ्य प्रदान करते हैं, आपका आत्मविश्वास बढ़ाते हैं कि आप अपने जीवन के एक्सीलेटर को दबा दें और मनचाही सफलता की ओर बढ़ें, जिसे आप वास्तव में प्राप्त करना चाहते हैं।

सड़क कहाँ जाती है

एक व्यक्ति चौराहे पर रुका। उसने एक वृद्ध व्यक्ति से पूछा कि यह सड़क कहाँ जाती है? उस व्यक्ति ने प्रश्न किया—आप कहाँ जाना चाहते हो? यात्री ने कहा मैं नहीं जानता। वृद्ध व्यक्ति ने कहा तब तो कोई भी सड़क ले लो। क्या फर्क पड़ेगा? कितनी सही बात है?

क्या आप किसी ऐसी बस या ट्रेन में यह जाने बिना बैठना चाहेंगे कि वह कहाँ जा रही है? आपका उत्तर होगा—नहीं। तो फिर जिन्दगी के सफर में बिना लक्ष्य के चलने के लिए क्यों तैयार हो जाते हो?

किसी शायर ने लक्ष्यहीन जीवन के बारे में क्या खूब कहा है—

लक्ष्यहीन जीवन है तो यूँ ही निकल जाएगा
आकाश से गिरा तो खजूर में अटक जाएगा।

याद रखिए, बिना लक्ष्यों के हमारी हालत उस सूखे पत्ते की तरह होती है जो हवा के रुख के साथ इधर-उधर डोलता रहता है और उसे ही अपनी नियति मान बैठता है।

जोश बिलिंग्स का कथन है कि—

> *डाक टिकिट की तरह बनिए, मंजिल लक्ष्य पर जब तक न पहुँच जाए उसी पर जमे रहिए।*

भटकें नहीं, चलिए

जीवन में लक्ष्य का होना ही जीवन है। यदि भविष्य नहीं है तो वर्तमान भी नहीं है। फिर यह बात तो दर्पण की तरह स्पष्ट है कि जब वर्तमान ही नहीं, तो जीवन कैसा? इसलिए यह आवश्यक है कि हम अपने लिए अपना भविष्य चुनें। जीवन का कोई-न-कोई लक्ष्य होना ही चाहिए।

एक निश्चित दिशा में चलने को यात्रा कहते हैं और कभी भी, किसी भी, दिशा में चलने को भटकना कहते हैं। जो चलता है, वह कहीं-न-कहीं पहुँचता ही है, किन्तु जो भटकता है, वह कहीं नहीं पहुँचता। लेकिन चलने के लिए यह जरूरी है कि आपकी कोई एक मंजिल निश्चित हो। भटकना उसी को पड़ता है, जिसकी कोई मंजिल निश्चित नहीं है।

जो सफर की शुरुआत करते हैं
वे ही मंजिल को पार करते हैं।
बस एक बार चलने का तो हौसला रखिए
ऐसे मुसाफिरों का रास्ते भी इन्तजार करते हैं।

लक्ष्य की स्पष्टता

सफलता प्राप्ति के लिए यह जरूरी है कि आपके लक्ष्य स्पष्ट हों यानी आपकी इच्छाएँ क्या हैं? आप जिन्दगी में क्या पाना चाहते हैं? सफल लोग अपनी वास्तविक इच्छाओं के बारे में पूरी तरह स्पष्टता प्राप्त कर लेते हैं, ठीक उसी प्रकार जैसे भवन निर्माण के पहले आर्किटेक्ट उसका ब्लू प्रिंट तैयार करता है।

दुनिया के अधिकांश लोग बिना सोचे-समझे लक्ष्यहीन जिन्दगी की दौड़ प्रारम्भ कर देते हैं, ठीक उसी प्रकार जैसे कोई कुत्ता पास से गुजरने वाली हर कार के पीछे निरर्थक दौड़ने लगता है।

एक कृषक का कुत्ता सड़क के किनारे बैठा रह कर वहाँ से गुजरने वाली कारों का इन्तजार करता रहता था। जैसे ही कोई कार आती, वह भौंकता हुआ उसका पीछा करता। एक रोज उसके पड़ोसी ने कृषक से पूछ ही लिया, "क्या तुम्हारा कुत्ता कभी किसी कार को पकड़ पाएगा?" उस कृषक ने उत्तर दिया—प्रश्न यह नहीं है कि किसी कार को पकड़ पाएगा या नहीं, प्रश्न यह है कि अगर पकड़ पाएगा तो वह क्या करेगा?

बहुत-से लोग उस कुत्ते के समान निरर्थक लक्ष्य के पीछे दौड़ते रहते हैं। ऐसे लोगों से सफलता दूर ही रहती है।

लक्ष्य के बारे में विलियम मोल्टन मार्सडेन का कथन है—

महसूस करें कि आप वास्तव में क्या चाहते हैं? इससे आप तितलियों का पीछा करने से बचेंगे और सोना खोदने में जुट जाएँगे।

चिड़िया की आँख की पुतली

गुरु द्रोणाचार्य ने एक बार अपने शिष्यों की परीक्षा लेने का निश्चय किया। इस हेतु उन्होंने एक पेड़ पर एक मिट्टी की चिड़िया रख दी और अपने शिष्यों को उसकी आँख पर निशाना लगाने को कहा।

सर्वप्रथम युधिष्ठर की बारी थी। द्रोणाचार्य ने युधिष्ठिर से पूछा—वत्स, तुम्हें क्या दिख रहा है? निशाना साधे हुए युधिष्ठिर का उत्तर था, "गुरुजी, मुझे वृक्ष दिख रहा है, पत्ते दिख रहे हैं, चिड़िया दिख रही है और चिड़िया की आँख दिख रही है। क्या मैं निशाना लगाऊँ?"

द्रोणाचार्य ने युधिष्ठिर को तीर चलाने से मना कर दिया। इसके पश्चात् भीम, नकुल, सहदेव का नम्बर आया, उन्होंने निशाना लगाने का प्रयास किया। द्रोणाचार्य ने सभी से वही प्रश्न किया और सभी ने लगभग वैसा ही उत्तर दिया जो युधिष्ठिर ने दिया था। द्रोणाचार्य ने किसी को भी तीर चलाने को नहीं कहा।

अन्त में अर्जुन की बारी आई और जब वे निशाना लगाने खड़े हुए तो द्रोणाचार्य ने उनसे भी वही प्रश्न किया।

अर्जुन का जवाब था—"गुरु जी, मुझे तो केवल चिड़िया की आँख की पुतली दिख रही है।"

द्रोणाचार्य ने कहा—"वत्स, तीर चलाओ।"

अर्जुन ने तीर चलाया तीर सीधे चिड़िया की आँख में जाकर लगा।

कहने का अर्थ यह है कि आपकी आँख सदैव अपने लक्ष्य पर टिकी होना चाहिए तो आपको लक्ष्य प्राप्ति से कोई नहीं रोक सकता।

लक्ष्य भेदन के बारे में हैनरी वैडस बर्थ लांगफेलो का कथन है कि—

अगर आप लक्ष्य को भेदना चाहते हैं तो उससे थोड़ा ऊपर निशान साधें, क्योंकि हर उड़ने वाला तीर गुरुत्वाकार्षण का शिकार होता है।

पूर्व निर्धारित लक्ष्य को पाने के बाद ही इरादा बदलें

एक व्यक्ति के पास शिकारी कुत्ता था। उस व्यक्ति का कहना था कि वह कुत्ता बहुत अच्छी नस्ल का शिकार पसन्द कुत्ता है। शिकार की गन्ध पाने के लिए उसकी नाक भी बड़ी तेज थी यानी कि उसकी घ्राण शक्ति बहुत अधिक थी। उस क्षेत्र के आसपास वैसा शिकारी कुत्ता दूसरा नहीं था, मगर उसके मिजाज में एक खराबी थी जिसकी वजह से हर शिकार उसकी पकड़ से निकल जाता था। जंगल में शिकार के लिए जब वह निकलता तो हिरण की गन्ध पाकर उसके पीछे भागता। भागते-भागते जब वह हिरण के काफी करीब पहुँचने को होता कि अचानक उसकी नाक में उसी रास्ते को पार करके गई किसी लोमड़ी की गन्ध आ जाती और वह हिरण की बजाय लोमड़ी को अच्छा शिकार मानकर लोमड़ी की तलाश में भागने लगता। लोमड़ी के पीछे भागते-भागते जब लोमड़ी उसकी पकड़ में आने ही वाली होती कि उसे खरगोश की गन्ध आ जाती और वह खरगोश की तलाश में दौड़ने लगता। इसका नतीजा यह होता कि उसे अपने घर से मीलों दूर भागते जाकर भी शाम तक कुछ हाथ न लगता। उसके पैर दलदल में फँस जाते और जान बचा कर उसे लौटना पड़ता।

इसी प्रकार कई व्यक्ति आयु के बड़े भाग तक एक के बाद एक रास्ता बदलते रहते हैं। उनकी योग्यता में कोई सन्देह नहीं होता उनकी शक्ति भी असन्दिग्ध होती है, किन्तु एक निश्चित लक्ष्य के अभाव में भटकते रहते हैं। उन्हें यह याद रखना चाहिए कि सफलता प्राप्ति के लिए अपने पूर्ण निर्धारित लक्ष्य को पाने के बाद ही अपना इरादा बदलना चाहिए।

एकै साधे सब सधे

आज अधिकांश लोगों का जीवन कई लक्ष्यों एवं उद्देश्यों के बीच घिर-सा गया है। जीवन की इस दौड़ में हम कई दिशाओं में दौड़ते दिखाई देते हैं। ऐसा प्रतीत होता है कि हम कई चीजों को एक साथ पा लेना चाहते हैं और इसी फेर में हमारे हाथ कुछ नहीं लग पाता। हमारी शक्तियों में बिखराव पैदा हो जाता है, जबकि प्रत्येक व्यक्ति में किसी एक लक्ष्य को पाने की पर्याप्त क्षमता और शक्ति होती है। लेकिन जब हमारा लक्ष्य बँट जाता है तो हमारी शक्तियाँ बँटकर शक्तिहीन हो जाती हैं।

अगर हम यह समझते हैं कि हम एक साथ कई चीजों को प्राप्त कर सकते हैं तो यह हमारी भूल है। दो नावों पर सवारी कभी नहीं की जा सकती। सफलता का स्वाद तो तभी चखा जा सकता है जब अपनी सभी शक्तियों को केन्द्रित करके उन्हें एक लक्ष्य पर लगाएँ।

किसी ने ठीक ही कहा है—

एकै साधे सब सधे
सब साधे सब जाए।

जॉन डी. रॉकफेलर का भी कथन है—

> *एक सूत्रीय लक्ष्य जीवन में सफलता का प्रमुख तत्त्व है, चाहे लक्ष्य कुछ भी हो।*

लक्ष्य हमेशा अपने सामने रखिए

लक्ष्य को हमेशा अपने सामने रखें। जहाँ भी देखें, जहाँ भी रहें, जहाँ भी जाएँ, आपको अपने चारों ओर अपने आसपास केवल लक्ष्य ही नजर आए, चाहे

वह लक्ष्य नेत्रों से देखें अथवा चेतन मस्तिष्क के नजरिए से। मगर लक्ष्य सदैव आपको स्मरण रहे। जब लक्ष्य के अवलोकन की ऐसी व्यवस्था आप कर लेते हैं, तो आपके अवचेतन मस्तिष्क पर लक्ष्य-चित्र स्थिर हो जाता है और आपका मस्तिष्क लक्ष्य परियोजना पर सफल चिन्तन करने की क्षमता विकसित कर उपयोगी जानकारियों और विचारों से आपको लक्ष्य प्राप्ति की दिशा में पहुँचाने के लिए उद्यमशील बनता है।

स्वामी विवेकानन्द ने कहा है—

लक्ष्य को ही अपना जीवन कार्य समझो। हर समय उसी का चिन्तन करो, उसी का स्वप्न देखो और उसी के सहारे जीवित रहो।

लक्ष्य हमारे जीवन को अर्थ देते हैं। ये हमें उद्‌देश्य की ओर ले जाते हैं। बिना किसी उद्‌देश्य के मेहनत और साहस भी बेकार होते हैं। अतः लक्ष्य की कामयाबी का पहला कदम माना गया है।

किसी ने क्या खूब कहा है—

लक्ष्य न ओझल होने पाए, कदम मिलाकर चल
कामयाबी तेरे कदम चूमेगी, आज नहीं तो कल।

4

जिज्ञासु रहिए

जिज्ञासा मानव जीवन की प्रगति का सबसे मुख्य आधार है। जिज्ञासा स्वयं एक शक्ति होती है। जिज्ञासा उत्पन्न होते ही किसी बात को जान लेने का सहायक ज्ञान खुद ही विकसित होने लगता है। जैसे-जैसे जिज्ञासा गहरी होती जाती है, ज्ञान भी बढ़ता जाता है। मनुष्य की जिज्ञासा प्रवृत्ति ने ही उसे सफलता के उच्चतम सोपान पर पहुँचाया है।

जिज्ञासा के अभाव में मनुष्य आज जिस ज्ञानपूर्ण स्थिति में आया हुआ है, कभी नहीं आ पाता। यह जिज्ञासा की प्रेरणा ही है कि आज मनुष्य का ज्ञान भंडार विशाल हो सका है और दिनोंदिन इसमें वृद्धि होती जा रही है। ज्ञान की कोई सीमा भी नहीं है। व्यक्ति, देश और पृथ्वी को तो सीमाओं में बाँधा जा सकता है, लेकिन ज्ञान को नहीं। ज्ञान जब पीछे देखता है, तो दुनिया के इतिहास का पता लगा लेता है और जब ज्ञान आगे देखता है तो भविष्य की परतों को खोलता हुआ समय से सैकड़ों वर्ष आगे देख लेता है और जब ज्ञान नीचे देखता है, तो धरती का सीना चीरकर बेशकीमती खजाना खोज लेता है।

क्या, कब, कैसे, क्यों?

जिज्ञासा हमारे मन-मस्तिष्क में इच्छाओं, आवश्यकताओं तथा कल्पनाओं का रूप साकार करने में अहम भूमिका निभाती है। अत: यह कहा जा सकता है कि जिज्ञासा ही हमारे मन-मस्तिष्क में उत्पन्न वह अंकुर है, जिसके अंकुरित होने पर जानकारियाँ एवं अनुभवों का वृक्ष उगता है, जिसकी उपलब्धि एवं सफलता रूपी फल हम खाते हैं।

यदि आप जिज्ञासु हैं, तो आपकी जानकारी का स्तर लगातार बढ़ता जाएगा। आप जितना ज्यादा सीखते हैं, उतना ज्यादा नया सीखने की कोशिश करेंगे। नई जानकारियाँ नई चुनौतियों का सामना करने के लिए तैयार करेंगी।

जिज्ञासु व्यक्ति हर बात की बारीकियों के बारे में ज़ानना चाहता है। वह कई प्रश्न पूछता है। ऐसा करने से 'व्हाट' और 'व्हेन' के बारे में पता चलता है, साथ ही 'हाउ' और 'व्हाए' सम्बन्धी जानकारी मिलती है। इससे काम करने के बेहतर तरीके के बारे में पता चलता है।

देखिए ही नहीं, पैनी नजर रखिए

बहुत कम लोग यह सीख पाते हैं कि आँखों का उपयोग कैसे करना चाहिए। वे चीजों पर ऊपरी नजर डालते हुए दुनिया में चलते जाते हैं। उनकी आँख में बने चित्र इतने हलके और धुँधले होते हैं कि उनकी बारीकियाँ दिखाई नहीं देतीं और ऊपर कोई गहरी छाप नहीं पड़ती। यदि हम जीवन में सावधान जिज्ञासु मन लेकर हर चीज को देखते चलें, तो हम बड़ी भारी मानसिक दौलत और सारे भौतिक धन से अधिक बड़ी समझदारी जमा कर सकते हैं।

एक सफल व्यक्ति ने जिज्ञासु बन सफलता पाने के लिए कहा है—

मात्र देखिए नहीं, पैनी नजर रखिए
मात्र सुनिए नहीं, कान धरिए
मात्र कान मत धरिए, समझिए
मात्र समझिए नहीं, आत्मसात् कीजिए
मात्र इच्छा मत कीजिए, कार्य रूप में परिणत कीजिए
और फिर मनचाही सफलता का स्वाद चखिए!

एक ही मिट्टी के बने एक समान हाथ-पैर समान स्थिति के मनुष्यों में से एक आगे निकल जाता है, ऊँचाई पर पहुँच जाता है और दूसरा जहाँ का तहाँ रह जाता है। इसका कारण जिज्ञासा भाव ही है। आगे निकल जाने वाले व्यक्ति में जिज्ञासा की प्रबलता रहती है, जबकि जो जहाँ का तहाँ या फिसड्डी में उसका अभाव देखा जा सकता है। जो जिज्ञासु है—वह कुछ जानना और सीखना चाहता है। जो सीखेगा अनुभव प्राप्त करेगा, उसी के आधार पर वह आगे बढ़ेगा,

प्रगति करेगा। जिसमें कुछ सीखने तथा जानने की ललक या जिज्ञासा नहीं है, वह जहाँ का जहाँ पड़े रहने में ही सन्तुष्ट रहेगा। इस सम्बन्ध में एक छोटी-सी कहानी है, जिससे पता चलता है कि जिज्ञासु व्यक्ति चतुर और उपयोगी होता है।

मंत्री और सेवक का वेतन

एक बादशाह का एक सेवक नाई था जो रात-दिन बादशाह की सेवा में लगा रहता था। इस कारण वह उनका मुँहलगा बन गया। एक रोज उसके मन में विचार आया कि मैं रात-दिन बादशाह की सेवा में लगा रहता हूँ, फिर भी मुझे बहुत कम वेतन दिया जाता है, जबकि मंत्रीजी कुछ काम नहीं करते, फिर उन्हें मुझसे सौ गुणा अधिक वेतन दिया जाता है। इसका कारण क्या है?

आखिरकार यह बात सेवक ने बड़ी विनम्रता से बादशाह से पूछ ही ली। बादशाह ने मुस्कराते हुए कहा, "किसी और दिन मौके पर बताऊँगा।"

एक दिन घोड़ों का एक काफिला बादशाह के महल के नजदीक से गुजरा। बादशाह ने अपने सेवक नाई को भेजा कि वह जाकर मालूम करे काफिला कहाँ जा रहा है?

सेवक गया और आकर बताया कि काफिला कन्धार जा रहा है। बादशाह ने पूछा कि आ कहाँ से रहा है? सेवक दुबारा गया और बताया कि काफिला काबुल से आ रहा है। बादशाह काफिले के बारे में बार-बार पूछते रहे और सेवक पूछने के लिए बार-बार चक्कर लगाता रहा। इस प्रकार पाँच बार जाने के बाद भी वह पूरी बातें नहीं जान पाया।

अब बादशाह ने मंत्री को भेजा। उसने आकर बताया, "यह काफिला काबुल से आ रहा है और कन्धार जा रहा है। इसमें 400 घोड़े और 25 ऊंट हैं। मैंने पूरा पता लगा लिया कि काफिले के मालिक सब सौदागर हैं और घोड़े बेचने जा रहे हैं। यदि मालिक आप खरीदना चाहे तो कम कीमत पर मिल सकते हैं। मैंने 40 ऐसे घोड़े छाँट लिए हैं जो अच्छी नस्ल के हैं" बादशाह ने तुरन्त 40 घोड़े खरीद लिए, जो उन्हें कम कीमत पर मिल गए।

अब बादशाह ने सेवक से कहा, "देखा, तुम्हें कम वेतन क्यों मिलता है और मंत्री को इतना अधिक क्यों?" सेवक ने इस अन्तर को समझ लिया और आगे के लिए चुप हो गया।

पैनी और खोजपरक दृष्टि

जो व्यक्ति जिज्ञासु होता है, वही गहरे पैठता है। जिज्ञासु की दृष्टि सामान्य लोगों से कुछ अधिक पैनी और खोजपरक होती है। किसी एक दृश्य या घटना को कोई सामान्य व्यक्ति देखता है, तो वह उसके लिए साधारण बात होती है, किन्तु उसी विषय पर किसी जिज्ञासु व्यक्ति की नजर पड़ जाती है तो वह साधारण बात असाधारण बन जाती है। जिज्ञासु के लिए दुनिया की हर घटना एक रहस्य एवं महत्त्व लिये रहती है। महान वैज्ञानिक न्यूटन से पहले भी कई लोगों ने फल को पेड़ से गिरते हुए देखा था। एडीसन के पहले भी लोगों ने पक्षियों को आकाश में उड़ते हुए देखा था। जेम्स वॉट से पहले भी लोगों ने भाप के प्रभाव से केतली के ढक्कन को उठते-गिरते देखा था, मगर उन लोगों ने कोई नियम, सिद्धान्त प्रतिपादित नहीं किए जबकि ये लोग महानता के उच्चतम शिखर पर पहुँचकर अपना नाम रौशन कर गए।

महान वैज्ञानिक आइज़क न्यूटन बचपन से ही जिज्ञासु थे। जब वे बालक ही थे कि तारों ने उनका मन मोह लिया। अभी वे बारह वर्ष के हुए थे कि उन्होंने अपने बगीचे में एक धूप घड़ी बना डाली। उन्होंने तारों के विषय में जानकारी प्राप्त करने के लिए हर अवसर का लाभ उठाया। पुस्तकों से, मिलने-जुलने वालों से और यहाँ तक कि अजनबियों से भी तारों के सम्बन्ध में जानकारी जुटाई। सुखी एवं सफल जीवन बिताने के बाद पचासी वर्ष की उम्र में उनका देहान्त हुआ।

इसी प्रकार महान् वैज्ञानिक एडीसन के बचपन की एक घटना है कि जब वे छोटे थे, तो उन्होंने देखा कि मुर्गी अंडे पर बैठ जाती है, तब बच्चे का जन्म होता है। ऐसा विचार करके वे भी एक अंडे पर बैठ गए, जिससे कि एक बच्चे का जन्म हो सके, पर अंडा फूट गया एवं कपड़े खराब हो जाने की वजह से उनको डाँट पड़ी।

न्यूटन और एडीसन के जीवन से जुड़ी ये घटनाएँ चाहे कैसे भी हों, लेकिन एक बात तो स्पष्ट है कि उनके अन्दर तीव्र जिज्ञासा थी। उनकी इसी जिज्ञासा ने उन्हें विश्व का महान् वैज्ञानिक बनाया।

रस्किन का मन चिड़ियों, कीड़ों, पशुओं, पेड़ों, नदियों, पहाड़ों, सूर्यास्त और प्राकृतिक दृश्यों और चातक और झरनों की स्मृतियों से सम्पन्न था।

उसके मस्तिष्क में चित्रों की, मकानों की, मूर्तियों के हज़ारों चित्र मौजूद थे और इस दौलत को उसने ऐसे रूप में पुनः प्रस्तुत किया, जिसमें यह सदा के लिए आनन्ददायक बन गई। उसके जिज्ञासु मन को हर वस्तु अपना सबक और रहस्य देती थी।

अतः आप सदैव अपनी प्रवृत्ति जिज्ञासु बनाए रखें, ताकि जिज्ञासा से प्रज्वलित हुई सूर्य की किरणें देदीप्यमान होकर आपके सामने सफलता का मार्ग प्रशस्त कर सकें।

5

लगन लगाइए

जीवन में लगन सब कुछ प्राप्त करा सकती है। लगन का अर्थ है—किसी काम को करने की उन्मत्त इच्छा या चाह। इसी चाह की घनीभूत परिणति है—लगन।

जब किसी चीज की सतत् लगन बनी रहती है, तो आपका रोम-रोम आपको वैसा ही करने को प्रेरित करने लगता है ताकि आप अपने लक्ष्य को प्राप्त कर सकें।

वैज्ञानिक प्रयोगों द्वारा इस बात की पुष्टि हो चुकी है कि लगनशील व्यक्ति जिस विषय पर लगातार सोचता रहता है, उसका सीधा असर उसके शरीर पर पड़ता है। जब किसी व्यक्ति का मन लगन में लग जाता है तो यह उसके स्वभाव में परिलक्षित होने लगता है।

गणित के एक विद्वान की यह स्पष्ट मान्यता है कि कोई ज्यादा या कम होशियार नहीं होता। यह केवल सतत् लगन का कमाल है कि एक विद्यार्थी की गणित में सतत् लगन है तो वह गणित में होशियार हो जाता है। वहीं जो व्यक्ति गणित में होशियार नहीं है, इसका मतलब यह नहीं है कि वह मन्दबुद्धि है। हो सकता है कि वह नई भाषाएँ सीखने में महारथ प्राप्त किए हो।

संसार में जितने भी व्यक्ति किसी भी क्षेत्र में सफलता के उच्च शिखर पर पहुँचे उनके व्यक्तित्व में लगन की विशेषता देखी जा सकती है। अतः सतत् लगन एक चामत्कारिक शक्ति है।

इसलिए कहा जाता है—

जीतता वही है जो अन्त तक लगन से जुड़ा रहता है।
सतत् लगन के भीतर ही सफलता का बीज छिपा रहता है।

सफलता के बीज

एक गरीब बालक सिर प्रर लकड़ी का गट्ठर लेकर उसे बाजार में बेचने जा रहा था। एकाएक एक संभ्रात व्यक्ति की नजर उस पर पड़ी। गट्ठर की कलात्मकता को देखकर उस संभ्रात व्यक्ति ने बालक को अपने पास बुला कर पूछा—"बेटा, यह इतना कलात्मक गट्ठर किसने बाँधा है?" बालक ने बड़ी ही विनम्रता से उत्तर दिया—"श्रीमान जी, मैं लकड़ी काटता हूँ और उसका गट्ठर स्वयं बनाता हूँ। इसके बाद उसे बाजार में बेचने आता हूँ।" उस संभ्रात व्यक्ति को बालक की बात पर विश्वास नहीं हुआ और उसने कहा कि क्या तुम इसे खोलकर फिर से इसी तरह बाँध सकते हो? बालक ने कहा, "इसमें कौन सी बड़ी बात है?" इतना कह कर उसने गट्ठर को खोल दिया और बड़े ही सुन्दर तरीके से गट्ठर को पुनः बाँध दिया। यह कार्य उसने बड़े लगन और कुशलता में कर दिखाया। उस सज्जन व्यक्ति पर लड़के की लगन और एकाग्रचित्तता का इतना प्रभाव पड़ा कि उसने लड़के से कहा—"क्या तुम मेरे साथ चलोगे? मैं तुम्हें अच्छी शिक्षा दिलाऊँगा और तुम्हारे रहने-खाने का खर्च भी स्वयं वहन करूँगा। बालक ने पहले तो कुछ सोचा, फिर चलने के तैयार हो गया। उस व्यक्ति ने बालक के रहने और शिक्षा का प्रबन्ध कर दिया। वह खुद भी उसे पढ़ाता था। अल्प समय में ही बालक ने अपनी लगन और कुशाग्र बुद्धि से उच्च शिक्षा ग्रहण कर ली। बड़ा होकर यही बालक यूनान के महान दार्शनिक पाइथोगोरस के नाम से प्रसिद्ध हुआ और जिस संभ्रात व्यक्ति ने बालक की लगन और कला को एक ही नजर में परख कर लिया था, वह थे यूनान के सुप्रसिद्ध तत्त्व ज्ञानी डेमोक्रीटस। जो व्यक्ति छोटे-से-छोटा कार्य भी लगन और ईमानदारी से करता है, वही सफलता की सीढ़ियों पर चढ़कर महान बनता है।

मार्टिन लूथर किंग ने ठीक ही कहा है—

> *अगर किसी व्यक्ति को सड़क साफ करने का काम दिया जाए तो उसे सड़क की उसी तरह सफाई करना चाहिए जैसे माइकल एंजेलो चित्रकारी करा करता था या बीथोवन संगीत की रचना करते थे या शेक्सपियर कविता लिखते थे।*

जिल्दसाज से बना वैज्ञानिक

महान वैज्ञानिक माइकल फैराडे का नाम रसायन शास्त्र और भौतिक शास्त्र, दोनों में ही उनके महत्त्वपूर्ण योगदान के लिए बहुत ही आदर के साथ लिया जाता है। उन्होंने विद्युत परिचालित डायनमो, चुम्बक से बिजली पैदा होने के सिद्धान्त तथा इलेक्ट्रॉनिक्स के नियम भी प्रतिपादित किए हैं।

माइकल फैराडे एक गरीब के पुत्र होने के नाते प्रारम्भ में एक ज़िल्दसाज के यहाँ बहुत ही कम वेतन पर काम करते थे। दुकान पर जिल्दसाजी के लिए जो विज्ञान की पुस्तकें आती थीं, उन्हें वे चुपचाप पढ़ा करते थे। वे उन्हें बहुत अच्छी लगती थीं।

पढ़ते-पढ़ते विज्ञान जैसे विषय में उनकी रुचि जाग्रत हो गई, शौक लगातार बढ़ता ही गया। जरा भी फालतू समय मिलता, वे विज्ञान की किताबों में डूब जाते। जब तक वे पूरी किताब न पढ़ लें, उसे छोड़ते नहीं थे। इस प्रकार फैराडे को ज्ञान के प्रति सच्ची लगन लग गई। विज्ञान को समझने की उत्कृष्ट इच्छा पैदा हो गई, पर सुविधाओं और साधनों की बड़ी कमी थी।

एक रोज रॉयल केमिकल सोसायटी में घोषणा हुई कि सर हैम्बी डैबी का विज्ञान विषय पर व्याख्यान होने वाला है। फैराडे अपने मालिक जिल्दसाज से आज्ञा लेकर व्याख्यान सुनने गया। उसे हैम्फी का भाषण इतना महत्त्वपूर्ण और रोचक लगा कि उसने जल्दी-जल्दी पूरा भाषण लिख लिया और फिर उसे हैम्फी को दिखाया। उन्होंने पढ़ा तो वे आश्चर्य चकित रह गए। इतनी जल्दी ऐसा महत्त्वपूर्ण भाषण लिख डालने वाला अवश्य ही उस विषय का जानकार होगा। हैम्फी डैबी ने आश्चर्य से पूछा—

"माइकल फैराडे, हम विज्ञान के प्रति तुम्हारी असीम लगन से बड़े प्रसन्न हैं। तुम आखिर क्या चाहते हो?"

फैराडे ने कहा—"सर, मुझे आपकी प्रयोगशाला में छोटा-सा काम दे दीजिए। मैं अपनी जिन्दगी गुजारना चाहता हूँ।" हैम्फी डैबी ने फैराडे की सेवाएँ स्वीकार कर लीं।

फैराडे को जैसे मन की मुराद ही मिल गई। अन्धा क्या माँगे, दो नयन। उसने नियमित रूप से बड़ी लगन और उत्साह से व्यवस्थित ढंग से विज्ञान का अध्ययन प्रारम्भ कर दिया। अपनी सारी शक्ति उसी में लगाई

और आश्चर्यजनक योग्यता अर्जित कर विज्ञान जगत् में अपना नाम अमर कर लिया।

किसी ने ठीक ही कहा है—

इरादे नेक हों तो सपने भी साकार होते हैं।
और लगन सच्ची हो तो रास्ते भी आसान होते हैं।

मन्दबुद्धि वरदराज बने उद्‌भट्ट विद्वान

'लघु सिद्धान्त कौमुदी' ग्रंथ के रचयिता वरदराज अपने छात्र जीवन में इतने मन्दबुद्धि के थे कि पाठशाला में पढ़ाया हुआ एक अक्षर भी न तो समझ पाते थे और न उसे याद रख पाते थे। अपने मन्दबुद्धि के कारण ही उन्हें वरदराज अर्थात् बैलराज कहा जाता था। अपनी इस मन्दबुद्धि के कारण वह अपने सहपाठियों के मजाक के पात्र बने रहते थे और जब वे प्रारम्भिक कक्षा में चार बार असफल हुए, तो बड़े हताश हो गए।

एक दिन वरदराज अध्ययन की असफलता से निराश होकर घर से निकलकर चल दिए। दिन भर चलने के बाद वे संध्या के समय एक गाँव के निकट एक मन्दिर के चबूतरे पर पड़े रहे। रात भर उन्हें नींद न आई और वह यह सोचकर रोते रहे कि भगवान ने मुझे ऐसी मन्दबुद्धि दी कि मैं कुछ भी पढ़-लिख न सका। मेरा जीवन व्यर्थ है। बिना विद्या के मैं मनुष्य होकर भी एक पशु के समान ही हूँ। धिक्कार है मेरे जीवन को! जहाँ मेरे मित्र पढ़-लिखकर यश और ऐश्वर्य कमाएँगे, वहाँ मैं जीविका के लिए मजदूरी कर मर जाऊँगा। न मैं धर्म का अध्ययन कर सकता हूँ और न साहित्य का रस पा सकता हूँ। इसी सोच-विचार और रोने-धोने में वरदराज की रात बीत गई, किन्तु कहाँ जाए, क्या करे, यह निश्चित न कर सकने के कारण वह अभी पड़ा ही था कि सहसा उसकी दृष्टि दीवार पर चढ़ते हुए पतंगे पर पड़ी। पतंगे के पर कमजोर थे और पैरों से चलकर चढ़ रहा था।

वरदराज ने देखा कि वह पतंगा बार-बार चढ़ता और गिरता है। किन्तु जितनी बार गिरता है, उतनी बार फिर चढ़ता है और पहले से कुछ अधिक ऊपर जाता है। वरदराज उसका गिरना-चढ़ना और लगातार कोशिश करता

रहना देखता रहा और अन्त में उसने देखा कि बीस बार गिरने के बाद वह लगनशील पतंगा अपने गन्तव्य दीवार की कगार पर पहुँच ही गया। वरदराज ने इस दृश्य से प्रेरणा ली और वह पूरी लगन और आत्मविश्वास के साथ अध्ययन में जुट गया, जिससे उसके लिए सफलता के द्वार खुलते और मिलते चले गए और वह अल्पकाल ही में संस्कृत का प्रकाण्ड विद्वान बन गया।

उन्होंने संस्कृत के सारभूत ग्रंथ 'लघु सिद्धान्त कौमुदी' की रचना की। यह वह संस्कृत ग्रंथ है, जिसके अध्ययन किए बिना संस्कृत का पूर्ण ज्ञान प्राप्त नहीं होता और पढ़ लेने पर संस्कृत व्याकरण की योग्यता में सन्देह नहीं रहता।

श्री वरदराज के सन्दर्भ में किसी कवि की ये पंक्तियाँ पूरी तरह लागू होती हैं—

लहरों से डर कर नौका कभी पार नहीं होती
कोशिश करनेवालों की हार नहीं होती
नन्ही चींटी जब दाना लेकर चलती है
चढ़ती दीवार पर सौ बार फिसलती है
आखिर उसकी मेहनत बेकार नहीं होती
कोशिश करनेवालों की कभी हार नहीं होती।

मैं भी कितना भुलक्कड़ हूँ

सुप्रसिद्ध वैज्ञानिक न्यूटन एक बार अपनी प्रयोगशाला में किसी गम्भीर समस्या में लगे हुए थे, लेकिन समस्या का हल नहीं निकल पा रहा था। ठीक समय पर उनकी पत्नी उनके लिए खाने का टिफिन तथा पानी से भरा गिलास और जग खाने के टेबल पर रख गई।

कुछ समय पश्चात् उनके कोई व्यक्ति मिलने आया। नौकर ने उस व्यक्ति के आगमन की सूचना दी। न्यूटन ने कहा, "दस मिनट इन्तजार करें, मैं आता हूँ।"

समय गुजरता गया, पर न्यूटन प्रयोगशाला में इतने खोए हुए थे कि उन्हें इस बात का ध्यान ही नहीं रहा। यहाँ तक कि उनके खाने का समय भी हो चला। कुछ समय पश्चात् उनके मेहमान को भूख का एहसास हुआ। उन्होंने

न्यूटन का खाना खा लिया और टिफिन उसी तरह बन्द कर दिया। अन्ततः जब न्यूटन प्रयोगशाला से बाहर आए, तब मेहमान को देखकर सर्वप्रथम तो उन्होंने क्षमा माँगी और कहा—

"आप पाँच मिनट और इन्तजार कर लीजिए, मैं भोजन कर लेता हूँ।"

टिफिन खोलने पर उन्होंने देखा कि टिफिन खाली है, तब वे बोले, "अरे, मैं कितना भुलक्कड़ हूँ? भोजन तो कर चुका हूँ।" यह थी उनकी काम में लगन। इसलिए वे आज विश्व के माने हुए वैज्ञानिक कहला सके।

घोड़ों का अस्तबल छोड़ बने अमर साहित्यकार

23 अप्रैल 1964 को इंग्लैंड के स्ट्रेट फोर्ड अपोन-एवोआ में जन्मे विलियम शेक्सपियर को आज पूरी दुनिया जानती है।

आश्चर्य की बात यह है उसे बचपन में पिता की आर्थिक स्थिति खराब हो जाने से विद्यालय छोड़ना पड़ा और वह कहीं विधिवत् शिक्षित-दीक्षित नहीं हो पाया। पिता के देहान्त के बाद वह मेहनत-मजदूरी कर अपना पेट पालता रहा। लन्दन में उसे काम मिला—नाटकघर के अस्तबल में घोड़ों की देख-भाल करने का। नाटक कम्पनी की चहल-पहल देख उसे सम्मान प्राप्त करने की इच्छा जागी और उसने अपनी मजदूरी के साथ पढ़ना भी शुरू किया।

पढ़ने में गहन रुचि देखकर अर्ल ऑफ साउथेम्पटन ने उन्हें नाटककारों की रचनाओं की नकल का काम सौंपा। इस कार्य में उसकी रुचि और भी अधिक बनी। स्वयं नाटक लिखने की प्रेरणा लेकर उसने 'लब्ज लेबर्स लास्ट' नाटक थोड़ा-थोड़ा लिखकर पूरा किया। साउथेम्पटन ने जब यह नाटक देखा तो उसे स्वयं अभिनय करने के लिए कहा। शेक्सपियर ने रंगमंच पर यह नाटक बड़ी कुशलता से खेला। जनता ने इस नए कलाकार की जी भर कर सराहना की। फिर तो शेक्सपियर ने पीछे मुड़कर नहीं देखा। राजभवन में भी उसके नाटकों का अभिनय कराया गया व उसे विपुल धनराशि से सम्मानित किया गया। जब शेक्सपियर की अन्य रचनाएँ छपीं, अंग्रेजी साहित्य में उसकी धूम मच गई। आज 450 से अधिक वर्ष बीत जाने पर भी उसकी कृतियाँ संसार में जीवित हैं और शेक्सपियर अमर।

शेक्सपियर की अभूतपूर्व सफलता का राज उनकी लगन, कर्मठता और प्रतिभा के साथ ही उनका निरन्तर आगे बढ़ने का प्रयत्न है। अतः इस सन्दर्भ में कहा जा सकता है—

जीवन में हमेशा उड़ने की कोशिश कीजिए
उठ नहीं सकते तो भागने की कोशिश कीजिए।
भाग नहीं सकते तो चलने की कोशिश कीजिए
चल नहीं सकते तो सरकने की कोशिश कीजिए।
क्योंकि सफलता उन्हीं के हाथ लगती है,
जो निरन्तर आगे बढ़ने का प्रयत्न करते हैं।

आइंस्टीन की सफलता का गुरुमंत्र

विश्व के महान वैज्ञानिक अल्बर्ट आइंस्टीन की महान सफलता से प्रभावित होकर कई युवक उनके पास मार्गदर्शन हेतु आते थे। आइंस्टीन उनकी यथाशक्ति सहायता करते थे। एक रोज एक युवक ने उनसे पूछा—"सर, आपकी सभी ओर प्रशंसा हो रही है, पूरी दुनिया में आपका नाम हो रहा है। कृपया मुझे बताएँ कि आपकी इस महान सफलता का मूलमंत्र क्या है?" आइंस्टीन ने केवल एक शब्द बोला—"लगन।" युवक ने कहा—"सर, मैं कुछ समझा नहीं।" आइंस्टीन ने स्पष्ट करते हुए कहा—"जब मैं तुम्हारी उम्र का था तो गणित से बड़ा डरता था, जैसे अभी तुम डरते हो। मैं प्रायः गणित में अनुत्तीर्ण हो जाया करता था। इसके लिए मुझे दंड भी मिलता था। मेरे सहपाठी जो मुझसे आगे निकल जाते, मेरा मजाक भी उड़ाया करते थे। मैं बड़ा दुखी रहता। एक रोज मैंने मन में विचार किया कि मुझ में कोई कमी नहीं है, फिर गणित के सवाल निरन्तर हल करना प्रारम्भ कर दिए। कई बार असफल हुआ और मित्रों ने मजाक बनाया, किन्तु बिना इसकी चिन्ता किए मैं लगन से गणित के प्रश्न हल करता गया। इसी लगन का यह नतीजा है कि आज लोग मेरे सिद्धान्तों का अनुसरण करते हैं। लगन ही मेरा गुरुमंत्र है। तुम भी इसे अपना लो।" वस्तुतः लगन वह अतिरिक्त शक्ति है जो बाहरी अवरोधों पर हमेशा विजय पाकर सफलता दिलाती है।

किसी ने लगन के बारे में क्या खूब कहा है—

लगन के पाँव थक कर चूर नहीं होते
द्वार सफलता के कभी दूर नहीं होते।
जिसने जलाई दिल में लगन की ज्योति
उसके लिए खट्टे कभी अंगूर नहीं होते।

स्वामी विवेकानन्द के अतुल ज्ञान का रहस्य

स्वामी विवेकानन्द को पढ़ने का बहुत शौक था। खेतड़ी के महाराजा अजीत सिंह का एक विशाल पुस्तकालय था, जहाँ विवेकानन्द को अध्ययन का सुनहरा मौका मिला। पुस्तकालय के ग्रंथपाल ने एक बार देखा कि विवेकानन्द जल्दी-जल्दी पन्ने पलटते जा रहे हैं तो उसने पूछ ही लिया कि आप पुस्तक पढ़ते हैं या केवल पन्ने पलटते हैं? विवेकानन्द ने उत्तर दिया—

"जब कोई बालक नया-नया पढ़ना सीखता है तो वह एक-एक अक्षर का दो-दो, तीन-तीन बार उच्चारण करने के बाद ही पूरे शब्द का उच्चारण कर पाता है। उस समय उसका ध्यान प्रत्येक अक्षर पर होता है, लेकिन जब अभ्यास बढ़ जाता है तब उसकी नजर अक्षर पर नहीं बल्कि एक शब्द पर रहती है और जब उसका अभ्यास और बढ़ जाता है तो उसकी नजर सीधे एक वाक्य पर जाती है और उसे अर्थ का बोध हो जाता है। इस अभ्यास में और भी वृद्धि होने पर एक-एक पृष्ठ का ज्ञान होने लगता है। यह सब केवल अभ्यास और लगन का ही फल है।"

स्वामी विवेकानन्द का कम आयु में ही बहुत अधिक पढ़ने और ज्ञान अर्जित करने का रहस्य उनका अभ्यास और लगन ही है।

स्वामी विवेकानन्द तो जन्म से ही प्रखर बुद्धि के थे, लेकिन लगन और अभ्यास से जड़मति या मंद बुद्धि वाले भी चतुर बन जाते हैं, जैसा कि रहीम ने कहा है—

करत करत अभ्यास के जड़मति होत सुजान
रसरी आवत जात ते, सिल पर होत निशान।

मोची बना बाटा शू कम्पनी का मालिक

एक किशोर सड़क के किनारे फुटपाथ पर बैठकर जूतों की मरम्मत और पॉलिश का कार्य किया करता था। उसका व्यवहार बड़ा मधुर था और बड़ी लगन और मेहनत से लोगों के जूते चमकाया करता था। उसकी दुकान पर भीड़ लगी रहती थी। कुछ ग्राहकों ने उससे नए जूते बनाने को कहा। उसने उन्हें जूते बना कर दिए। जूते ग्राहकों को बहुत पसन्द आए। अब तो उसकी दुकान पर जूते बनवाने वालों की भीड़ लग गई। धीरे-धीरे उसने एक छोटी-सी 'शू फैक्ट्री' डाल दी। उसके जूतों की माँग बराबर बढ़ती गई और वह अपनी फैक्ट्री का विस्तार करता गया। उसके सभी उत्पाद सभी देशों में लोकप्रिय हो गए और उसने अन्तर्राष्ट्रीय प्रसिद्धि प्राप्त कर ली। उस किशोर का नाम था 'बाटा'। उसी के नाम की 'बाटा शू कम्पनी' आज भी विश्व विख्यात है। इस प्रकार उसने अपनी लगन, व्यवहार और विश्वसनीयता के आधार पर अपने हाथों अपनी तकदीर लिखी और असाधारण सफलता प्राप्त की। किसी ने ठीक ही कहा है—

अपने हाथों में होती है खुद अपनी तकदीर
चाहे मधुर संगीत रचो या भर दो इसमें पीर।

बड़े अवसरों की प्रतीक्षा नहीं

आइजन हूबर इंजीनियरिंग की परीक्षा पास करने के बाद रोजगार की तलाश में थे। इस दौरान वे एक उद्योगपति के पास गए और अपनी शिक्षा के बारे में बताया। उद्योगपति ने कहा अभी तो उनके संस्थान में इंजीनियर का पद रिक्त नहीं है। हाँ, टाईपिस्ट की जगह जरूर खाली है। वे चाहें तो काम कर लें। हूबर ने बड़ी विनम्रता से कहा कि वे चार दिन बाद काम करने की अनुमति चाहते हैं। उद्योगपति हूबर की विनम्रता को देखकर तैयार हो गया। चार दिन बाद हूबर आए तो उन्हें टेस्ट के लिए कागज दिया गया। उन्होंने बिना कोई गलती किए सब टाइप कर दिया। उद्योगपति ने उन्हें नौकरी पर रखते हुए चार दिन उपस्थित न होने का कारण पूछा तो उन्होंने कहा, "उस वक्त तो मुझे टाइपिंग आती ही नहीं थी। मैंने पहले उसे सीखा।"

सही कहा गया है कि महान लोग बड़े अवसर की प्रतीक्षा नहीं करते, छोटे अवसरों को भी बड़ा बना देते हैं। हूबर जो बाद में अमेरिका के राष्ट्रपति बने, एक छोटी-सी शुरुआत में भी अपनी लगन और अदम्य संकल्प का उदाहरण प्रस्तुत कर दिया।

किसी शायर की ये पंक्तियाँ कितनी सटीक हैं—

कई जीत बाकी है, कई हार बाकी हैं
अभी तो जिन्दगी का सार बाकी है।
यहाँ से चले हैं नई मंजिल के लिए
ये एक पन्ना है, अभी तो किताब बाकी है।

6

दृढ़ इच्छा शक्ति पैदा कीजिए

अंडे से निकले पक्षी के दूर गगन में उड़ जाने का एक ही कारण है, वह है—इच्छा शक्ति। इच्छा शक्ति दो शब्द हैं, जिनसे मनुष्य नर से नारायण बन सकता है। यानि सफलता के उच्चतम शिखर पर पहुँच सकता है। कहा जाता है कि दुनिया का इतिहास केवल इच्छा शक्ति से भरपूर मुट्ठीभर लोगों की कहानी है। इच्छा शक्ति का मतलब ताकत या किसी के पहलवान होने से नहीं जुड़ा। इच्छा शक्ति से तात्पर्य है—अपने निश्चय को पूरा करने के लिए संकल्प या प्रतिबद्धता।

ईश्वर प्रदत्त अनुपम अनुदान

मनुष्य को बाहुबल एवं साधनों के अतिरिक्त संकल्प बल का इतना बड़ा ईश्वरीय अनुदान मिला है, जिसके द्वारा वह असम्भव को भी सम्भव करके दिखा सकता है।

मनुष्य को ईश्वर प्रदत्त दिव्य अनुदानों में इच्छा शक्ति स्थान सर्वोपरि है। भौतिक एवं आध्यात्मिक जीवन में सफलता का मूल बीज दृढ़ इच्छा शक्ति को ही माना गया है। समस्त शक्तियों का उद्‌भव प्रबल संकल्प शक्ति के द्वारा ही होता है। इस सम्बन्ध में ब्रिटेन के मनोविज्ञानी ने अपनी पुस्तक 'दि इमोशंस एंड विल' में लिखा है—

> *संकल्प शक्ति की प्रचंडता मानव के व्यक्तित्व को उच्चतम सोपानों पर पहुँचा देती है। मनुष्य में अनेक कमजोरियाँ होती हैं, जिनसे पीछा छुड़ाने के लिए मनोबल का ऊँचा रखना एवं इच्छा शक्ति*

को प्रखर बनाना पड़ता है। सफलता वहीं मिलती है जहाँ इच्छा शक्ति की प्रचंडता होती है एवं तद्नुसार प्रयास किए जाते हैं।

हम जो संकल्प करते हैं, उससे दृढ़ इच्छा शक्ति के सहारे अपने मुकाम तक आसानी से पहुँचा जा सकता है, क्योंकि हमारे संकल्प के साथ दृढ़ प्रतिज्ञा जुड़ी होती है। इसी संकल्प शक्ति के रहते मदर टेरेसा ने समाज सेवा के क्षेत्र में, गुरुदेव रवीन्द्रनाथ टैगोर ने साहित्य में, नेपोलियन ने तलवार के बल पर, झांसी की रानी लक्ष्मी बाई ने मैदाने जंग में, विवेकानन्द ने वाणी के बल पर और मीरा ने भक्ति से अपने लक्ष्य को पाने में सफलता प्राप्त की और दुनिया में अपना नाम रौशन किया।

संकल्प से व्यक्तित्व में चमक

संकल्प शक्ति के बारे में मुनि तरुणसागरजी का कथन है कि—

संकल्प ही वह शक्ति है जो
कल्प को कण और पल्य को पल बना देती है।
संकल्पी के लिए कोई भी मंजिल हजारों किमी
दूर नहीं होती, बल्कि उसकी मंजिल
उसके कदमों तले होती है।
संकल्प ही सफलता का मूल मंत्र है।
विकल्प तभी तक है जब तक संकल्प नहीं है।
संकल्प कर लो, विकल्प अपने आप खत्म हो जाएँगे।
फूल में महक है, तो व्यक्तित्व में चमक है।
संकल्प से व्यक्तित्व में चमक आती है।
संकल्प मंजिल है।
जो चलता है, गिरता भी वही है।
जो गिरने के डर से चलता ही नहीं है,
वह चलना नहीं सीख पाता।

किसी ने क्या खूब कहा है—

एक बार गिरकर मैंने सँभलना सीखा
इक बार फिसलकर मैंने चलना सीखा
इक बार धोखा खाकर मैंने परखना सीखा
इस तरह जमाने से ही मैंने
जमाने से लड़ना सीखा।

मानव की सबसे बड़ी शक्ति

कहा जाता है कि एक बार भगवान बुद्ध अपने शिष्य के साथ जंगल में जा रहे थे। रास्ते में पत्थर की एक बड़ी चट्टान देखकर शिष्य ने बुद्ध से पूछा, "भगवन्! क्या इस चट्टान पर किसी का शासन सम्भव है?" भगवान बुद्ध ने शिष्य की जिज्ञासा को शान्त करते हुए कहा कि पत्थर से कई गुना शक्ति लोहे में होती है। इसलिए लोहा पत्थर को तोड़कर टुकड़े-टुकड़े कर देता है। "तो फिर लोहे से भी कोई वस्तु श्रेष्ठ होगी?" शिष्य ने प्रश्न किया। "क्यों नहीं? अग्नि है जो लोहे के अहं को गलाकर द्रव्य रूप में बदल देती है।" शिष्य ने पूछा, "अग्नि की विकराल लपटों के सम्मुख किसी की क्या चल सकती होगी?" "केवल जल है, जो उसकी ऊष्णता को शीतल कर देता है।" बुद्ध ने कहा। पुनः शिष्य ने पूछा—"जल से टकराने की ताकत किसमें होगी?" भगवान बुद्ध शिष्य से बोले—"ऐसे क्यों सोचते हो, वत्स! इस संसार में एक से एक शक्तिशाली हैं। वायु का प्रवाह जलधारा की दिशा बदल देता है। संसार का प्रत्येक प्राणी वायु के महत्त्व को जानता है।" शिष्य बोला, "जब वायु ही जीवन है, फिर इससे अधिक महत्त्वपूर्ण वस्तु क्या होगी?" भगवान ने हँसते हुए शिष्य को जवाब दिया—"मनुष्य की दृढ़ इच्छा शक्ति जिसके द्वारा वायु भी वश में हो जाती है। मानव की यह शक्ति ही सबसे बड़ी है।"

इच्छा शक्ति का चमत्कार

कुछ वर्षों पहले बंगाल में एक 'साहंग स्वामी' नामक युवक हुआ। बाद में 'टाइगर योगी' के नाम से प्रसिद्ध हो गया। वह बचपन में इतना कमजोर और

डरपोक था कि किसी जानवर को देखकर पसीना छूट जाता था, लेकिन उसके भीतर एक ललक उठती कि मैं इतना शक्तिशाली हो जाऊँ कि बाघ और शेरों को चूहे-बिल्ली की तरह पकड़ सकूं। वह इस विश्वास के साथ जंगल में घूमता और मन में दृढ़ इच्छा शक्ति लिये वह जंगल के जानवरों की तरफ देखता। धीरे-धीरे इच्छा शक्ति ने चमत्कार पैदा कर दिया कि सचमुच अपने उद्‌देश्य में सफल हो गया। जंगल में जाकर जब वह हिंसक जीवों पर अपनी तीक्ष्ण दृष्टि का आघात करता, दृढ़ इच्छा शक्ति के साथ उनके सामने तन कर खड़ा हो जाता और आँख से आँख मिलाता तो भेड़िए, शेर, बाघ, चीते बिल्ली की तरह डरने लग जाते या दुम दबाकर भाग जाते। राजबेगम नाम की एक खूंखार शेरनी भी उसके संकल्पमात्र 'तू शान्त हो जा' निस्तेज होकर बिल्ली की तरह लौटने लगी। कूच बिहार में इसके इन करतबों को देखकर सैकड़ों लोग चकित रह गए।

अपने काँटे निकाल दे—कंटक विहीन बन जा

यह एक सत्य है कि संकल्प, विचार एक ऐसी प्रचंड शक्ति है, जो चेतन को ही नहीं, जड़ पदार्थों को भी प्रभावित करती है और उसके चमत्कारी परिणाम प्राप्त होते हैं। यह असम्भव को सम्भव बना सकती है।

कुछ वर्ष पहले की घटना है। कैलीफोर्निया का एक कृषि विज्ञानी एलन फोर्ड वैज्ञानिक रीति से अपने खेतों में कुछ प्रयोग कर रहा था।

इस बीच उसने एक पुस्तक पढ़ी, "मनुष्य के विचारों और संकल्पों में विलक्षण शक्ति होती है। जैसा विचार करो, वैसा ही निर्माण हो जाता है।'

उसने इस विषय पर एक प्रयोग करने की सोची उसके खेत में काँटेदार सफेद गुलाब लगा था। वह हर दिन नियमित समय पर गुलाब के पास बैठता और उस पर प्यार से हाथ फिराता, स्नेह से दुलारता और मीठी-मीठी बातें करता, "हे गुलाब! तू कितना प्यारा है, कितना कोमल है, कितना सुन्दर है, परन्तु तेरे ये काँटे मेरे हाथ में चुभते हैं, तो बड़ी पीड़ा होती है। तू अपने काँटे निकाल दे, और कंटक विहीन बन जा।"

लगातार तीन महीने तक वह इसी क्रम में कंटकविहीन होने का आग्रह करता रहा। चौथा महीना आरम्भ होते ही देखा कि गुलाब के

काँटे स्वतः झड़ने लगे हैं। दो सप्ताह बीतते-बीतते पौधे के समस्त काँटे झड़ गए। अब गुलाब शूल रहित हो गया। इससे एलन को आश्चर्य हुआ और उसे अपने प्रयोग पर, विचार-सम्प्रेषण पर दृढ़ विश्वास भी हो गया। उसने फिर मिर्च पर एक प्रयोग किया। उसे बीज रहित बनाने का प्रयास किया तो मिर्च सचमुच बीज रहित हो गई और आकार में वह करीब 6 इंच की बन गई। इस प्रकार उसने टमाटर आदि सब्जियों पर भी प्रयोग किए और सबके परिणाम बड़े आश्चर्यजनक आए।

एलन ने अपने इस प्रयोगों पर एक पुस्तक लिखी—*मिरेकल्स ऑफ थॉट।* अपने प्रयोगों और उनके आश्चर्यजनक परिणामों की चर्चा करते हुए उसने लिखा है—

> *जब विचार उथले और बिखरे-बिखरे कमजोर होते हैं तो परिणाम आशानुरूप नहीं आते, परन्तु जब विचारों में गहराई, सच्चाई, दृढ़ता और तन्मयता का पुट होता है तो परिणाम अप्रत्याशित आता है। आजकल इस प्रकार के अन्य प्रयोग किए जा रहे हैं, जो विकसित चेतना वाले मानव या पशुओं पर ही नहीं, अपितु वनस्पति आदि अविकसित चेतना-प्राणियों पर किए गए और यह पाया गया कि मनुष्य के गहरे विचारों का प्रभाव उनके रंग रूप-गुण-धर्म-आकार को भी बदल देता है। गुलाब के साथ कांटा होने का नियम है किन्तु साबित हो गया कि प्यार से वह कांटा छोड़कर शूल रहित हो सकता है।*

सफलता का मूल मंत्र

दुनिया की सारी सफलताओं का मूल मंत्र है—दृढ़ इच्छा शक्ति अथवा संकल्प शक्ति। इसी के बल पर विद्या, सम्पत्ति और साधनों का उपार्जन होता है। यही वह आधार है जिसे पाकर संसार में खाली हाथ आया मनुष्य वैभव सम्पन्न, ऐश्वर्यवान बन संसार को चकित कर देता है। जीवन में प्रगति और सफलता की आकांक्षा करने के पहले अपनी इच्छा शक्ति को प्रबल तथा प्रखर बना लेने वालों को कभी न असफल होना पड़ता और न निराशा का मुँह देखना पड़ता है।

भारत की खोज में निकला कोलम्बस नाव में समुद्री यात्रा की आँधियों, तूफानी हवाओं की प्राणघातक चुनौतियों का सामना करते हुए नई दुनिया अमेरिका को खोज निकालने में सफल रहा। यह उसके हर संकल्प शक्ति का ही परिणाम था। दृढ़ संकल्पवान व्यक्तियों के लिए किसी ने ठीक ही कहा है—

समन्दर को यदि गुमान है तूफान उठाने का
तो हौसला हम में भी है कश्ती वहीं चलाने का।

अन्धी, गूंगी, बहरी हेलन केलर का विद्या का अक्षय कोष बन सकना, सत्रह विश्वविद्यालयों से डॉक्ट्रेट की उपाधि से सम्मानित होना उसकी संकल्प शक्ति का ही चमत्कार है। इसके विपरीत साधन सम्पन्न लोग भी अपनी असफलता का रोना रोते देखे जा सकते हैं। इसमें अन्य कारण कम और दुर्बल इच्छा शक्ति ही प्रमुख बाधा उत्पन्न कर रही होती है।

याद रखिए, शक्ति का स्रोत साधनों में नहीं संकल्प में है। यदि प्रगति करने की, आगे बढ़ने की इच्छाएँ तीव्र हो रही हैं तो आपको जिन साधनों का आज अभाव दिख रहा है, वे निश्चित रूप से दूर दिखाई देंगे।

दृढ़ इच्छा शक्ति में सूर्य की रश्मियों का तेज है। वह जाग्रत चेतना का शृंगार है। विजय की सफलता की जननी है। दृढ़ इच्छा शक्ति से स्वल्प साधनों में भी मनुष्य अधिकतम विकास और उच्चतम सफलता प्राप्त कर सकता है।

महान दार्शनिक और संन्यासी स्वामी विवेकानन्द ने भी अपने एक भाषण में कहा था कि यदि किसी व्यक्ति को काले सांप ने भी डस लिया हो और वह 100 बार दृढ़तापूर्वक माने कि ऐसा कुछ नहीं है तो उसे जहर नहीं चढ़ेगा। यह इच्छा शक्ति का एक छोटा-सा उदाहरण है।

ये सब घटनाएँ बताती हैं कि मनुष्य के भीतर ऐसी विलक्षण शक्ति है। वह केवल अपनी दृढ़ इच्छा शक्ति या इरादे के बल पर जो चाहे जैसा चाहे, कर सकता है। अपने जीवन को खुशहाल और आनन्दमय बना सकता है। किसी ने ठीक ही कहा है—

उन्हें ही ताज मिलते हैं, उन्ही को तख्त मिलते हैं,
जो मंजिल पर पहुँचने के इरादे सख्त रखते हैं
कठिन हो राह कितनी भी कभी न हार मानें जो
मिलेगी ही मंजिल यकीं हर वक्त रखते हैं।

संकल्प क्रिया शक्ति में तन्मयता का नाम है। 'यह मेरा संकल्प है' इसका मतलब है कि अब मैं इस कार्य में प्राण, मन और सम्पूर्ण शक्तियों के साथ संलग्न रहूँगा। दूसरे शब्दों में, मैं इस वस्तु को प्राप्त करके ही रहूँगा। चाहे जितनी भी बाधाएँ क्यों न आएँ, प्रयत्न बराबर जारी रखूँगा, चाहे कितने ही निराश करने वाले मौके ही क्यों न आएँ। इस प्रकार विचारणा, दृढ़ता ही सफलता की जननी है।

संकल्प को ऊँचे स्वर में बराबर दोहराएँ

आपने जो भी संकल्प किया है, उसकी ऊँचे स्वर में पुनरावृत्ति करें। अपने संकल्प को बार-बार दोहराने से मन के अन्दर ऐसी शक्तियाँ जाग्रत हो उठती हैं।

स्वेट मार्डन का कथन है—

ऊँचे स्वर में शब्द बोलने में जो शक्ति है, वह मन में चुपचाप किसी शब्द को दोहराने में नहीं है। ऊँचे स्वर में बोले शब्दों से हमारी सोई हुई शक्तियाँ जाग उठती हैं।

लक्ष्य निर्धारित करने के पश्चात् तत्काल अपने लक्ष्य की ओर कदम बढ़ाने शुरू कर दें और पीछे मुड़कर देखना बन्द करें। आप स्वयं महसूस करेंगे कि आपकी शक्तियाँ कई गुनी बढ़ गई हैं। जितना आपका दृढ़ संकल्प होगा, उतनी ही दृढ़ता से आप अपने काम में जुट जाएँगे। कहा गया है—

जिनके संकल्प दृढ़ होते हैं वे आधी लड़ाई तो काम शुरू करने के पूर्व ही जीत लेते हैं, क्योंकि संकल्प के प्रति दृढ़ता आपके लक्ष्य सदैव सामने बनाए रखेगी और रास्ते में जितनी बाधाएँ आएँगी, उनसे जूझने की शक्ति देंगी।

किसी ने ठीक ही कहा है—

हिम्मतवर इनसान मुसीबत में भी मुस्कराता है, विपरीत परिस्थितियों में मजबूती से डटा रहता है और अपने साहस से लक्ष्य की ओर आगे बढ़ता है।

7

समय प्रबन्धन कीजिए

समय ही जीवन है

समय ही जीवन है क्योंकि समय से ही जीवन बनता है। समय का सदुपयोग करना जीवन का सदुपयोग करना है। समय का दुरुपयोग करना जीवन को नष्ट करना है। खोई हुई सम्पत्ति फिर अर्जित की जा सकती है, खोया हुआ स्वास्थ्य चिकित्सा द्वारा लौटाया जा सकता है, पर खोया हुआ समय किसी प्रकार भी नहीं लौटाया जा सकता। उसके लिए केवल पश्चात्ताप ही शेष रह जाता है जैसाकि किसी कवि ने कहा है—

का वर्षा जब कृषि सुखाने
समय चूकी पुनि का पछताने।

समय अपनी गति से चल रहा है। चल ही नहीं रहा है भाग रहा है। निरन्तर गतिमान समय के साथ कदम मिलाकर चलने पर ही मानव जीवन की सार्थकता है। वक्त के साथ कदम-से-कदम मिलाकर नहीं चलने वाला मनुष्य पिछड़ जाता है। उसके जीवन में असफलता के अलावा कुछ भी हाथ नहीं लगता। वक्त के बारे में किसी शायर ने कहा है—

इनसान ने वक्त से पूछा—
मैं क्यूँ हार जाता हूँ
वक्त ने कहा—
धूप हो या छाँव हो
काली रात हो या बरसात हो

चाहे कितने भी बुरे हालात हों
मैं हर वक्त साथ चलता रहता हूँ
इसलिए मैं जीत जाता हूँ
तू भी मेरे साथ चल—
कभी नहीं हारेगा।

दुनिया में जितने भी व्यक्ति सफलता के शिखर पर पर पहुँचते हैं, उनकी सफलता का एक ही आधार स्तम्भ है कि उन्होंने अपने समय का पूरा-पूरा उपयोग किया, एक क्षण भी बेकार नहीं जाने दिया। जिस समय लोग खेल, तमाशे, गपशप में लगे रहते हैं, व्यर्थ आलस्य में पड़े रहते हैं, उस समय सफल व्यक्ति महत्त्वपूर्ण कार्यों का सृजन करते रहते हैं। ऐसा एक भी सफल व्यक्ति नहीं मिलेगा, जिसने समय को नष्ट किया हो और सफलता के उच्चतम सोपान पर पहुँचा हो।

सबसे बड़ी पूँजी

समय अमूल्य है। समय को जिसने बिना सोचे-समझे खर्च कर दिया, वह जीवन पूँजी को भी यूँ ही गँवा देता है। साँसो की तरह यह पूँजी अपने आप खर्च होती है। हम कंजूस बन कर भी उसे सोने-चाँदी के सिक्कों की तरह जोड़कर नहीं रख सकते। हमारा उस पर स्वामित्व वहीं तक है कि हम उसका सदुपयोग कर लें। किसी विद्वान ने ठीक ही कहा है—

> *मनुष्य की सबसे बड़ी पूँजी समय है। यदि उसे खर्च करना सीख लिया जाए तो उससे बहुमूल्य सफलता प्राप्त की जा सकती है।*

जिस किसी ने समय के मूल्य को समझा और अपने जीवन का एक-एक क्षण, एक एक श्वास का सदुपयोग किया, वह सफलता के उच्चतम शिखर पर पहुँचने का पात्र बनता है। इसीलिए सीख दी गई है—

गतिशील करो चरणों को मंजिल पास नहीं,
कालचक्र गतिमान किसी का दास नहीं,
जीवन की हर साँस सार्थक कर डालो तुम
साँसों का पल भर भी विश्वास नहीं।

इमर्सन की 360 वर्ष की आयु का रहस्य

समय किसी का इन्तजार नहीं करता। इसलिए समय के साथ चलो। समय ही जीवन है। जिसने समय का जितना उपयोग किया, वह उतना ही जिया। इस तथ्य को ध्यान में रखकर एक-एक क्षण का सुनियोजित ढंग से उपयोग करें। एक बार अमेरिकी दार्शनिक इमर्सन से पूछा गया कि आपकी आयु कितनी है। इमर्सन ने तुरन्त इसका उत्तर दिया—360 वर्ष। जिस व्यक्ति ने प्रश्न किया था, उसने बड़े ही आश्चर्य से पूछा—"श्रीमान इमर्सन, आप तो 60 वर्ष के ही लगते हैं, क्या आप गलत नहीं कह रहे?"

इस पर इमर्सन ने कहा—

> *"वर्षों की संख्या से आप सही हैं, लेकिन मैंने अपने कार्यों में समय के एक-एक क्षण का जितना उपयोग किया है, उतने कार्य में एक सामान्य व्यक्ति को 360 वर्ष लग जाएँगें। अतएव समय सम्बन्धी मेरा कथन सत्य है।"*

समय के बारे में किसी ने ठीक ही कहा है—

समय तो बहती धारा है
समय को किसने निहारा है
समय पर चूका जो इनसान
वो हमेशा हारा है।

समय का मूल्य

फ्रेंकलिन अपनी पुस्तकों की दुकान पर बैठा कुछ कार्य में तल्लीन था। एक व्यक्ति उस समय आया, उसने एक पुस्तक पसन्द की और कर्मचारी से उसकी कीमत पूछी। कर्मचारी ने बताया—'एक डॉलर।"

उस व्यक्ति ने कीमत कम करने के लिए कहा, किन्तु विक्रेता तैयार नहीं हुआ। तो उसने फ्रेंकलिन के बारे में पूछा कि क्या वे इस समय दुकान में हैं? विक्रेता ने कहा—"वे भीतर कार्यरत हैं।" व्यक्ति ने कहा—"जरा उन्हें बुला लाओ।"

कर्मचारी अन्दर जाकर फ्रेंकलिन को बुला लाया। उनके आते ही पुस्तक के खरीदार ने पूछा—"मिस्टर फ्रेंकलिन, कृपया इस पुस्तक की सही कीमत बताइए।" फ्रेंकलिन ने कहा—"सवा डॉलर"। ग्राहक नाराज होकर बोला—"वाह महोदय, अभी तो आपके कर्मचारी ने इसकी कीमत एक डॉलर बताई थी और आप सवा डॉलर कह रहे हैं।"

फ्रेंकलिन ने कहा—"इसकी कीमत एक डॉलर ही है, किन्तु आपने मुझे बुला कर मेरा समय बर्बाद किया है। अतः अब इस की कीमत सवा डॉलर हो गई है।"

खरीदार ने चौंकते हुए विनम्रतापूर्वक कहा—"अच्छा, अब यह बताइए कि इसकी वाजिब कीमत में क्या दूँ?"

डेढ़ डॉलर! फ्रेंकलिन एकाएक बोल उठे।

ग्राहक हैरान हो गया, उसने कहा—"आप यह क्या कह रहे हैं? अभी तो आपने सवा डॉलर कहा था, अब डेढ़ डॉलर कह रहे हैं।"

फ्रेंकलिन ने स्पष्ट शब्दों में उत्तर दिया—"देखिए मिस्टर। मेरे लिए समय का मूल्य बहुत अधिक है, क्योंकि मैं इसकी कीमत जानता हूँ। आप मेरा जितना समय बर्बाद करेंगे, पुस्तक की कीमत उतनी ही बढ़ती जाएगी।"

ग्राहक बहुत ही शर्मिन्दा हुआ और उसने डेढ़ डॉलर का भुगतान कर पुस्तक ले ली।

किसी शायर ने समय के बारे में ठीक ही कहा है—

समय न देखे आपको, समय न रोके चाल,
गरज होय जो आपकी, रखो समय का खयाल

दो करोड़ रुपए का एक सन्देश

एक कंजूस व्यक्ति ने जिन्दगी भर कंजूसी कर दो करोड़ रुपए इकट्ठा कर लिए। इस धन की वजह से वह दो वर्ष तक बगैर कोई काम-धन्धा किए चैन की बंसी बजाने के सपने देखने लगा, लेकिन इसी बीच यमदूत ने उसका दरवाजा खटखटाया। उस व्यक्ति ने यमदूत से कुछ समय देने की प्रार्थना की, परन्तु यमदूत टस से मस नहीं हुआ अपनी बात पर अड़ा रहा।

उस व्यक्ति ने यमदूत से पुनः याचना की—"मुझे दो दिन की जिन्दगी दे दो, मैं तुम्हें एक करोड़ रुपए दे दूँगा" पर यमदूत ने इसे अनसुना कर दिया।

उस व्यक्ति ने फिर से प्रार्थना की, "मैं आपसे एक दिन जिन्दगी की भीख माँग रहा हूँ। इसके बदले आप मेरी वर्षों की मेहनत से जोड़ी दौलत ले लीजिए।"

यमदूत फिर भी टस से मस नहीं हुआ। अनुनय-विनय के साथ गिड़गिड़ाने के बाद उस व्यक्ति को यमदूत से इतनी मोहलत मिल सकी कि वह अपना एक सन्देश लिख सके। उस व्यक्ति ने अपने सन्देश में लिखा—

जिस व्यक्ति को भी यह सन्देश मिले, उससे मैं इतना ही कहना चाहूँगा कि जीवन भर केवल धन-दौलत जोड़ने की फिराक में मत रहो। जिन्दगी अनमोल है। इसका एक-एक पल जी भर के जियो। मेरे दो करोड़ रुपए भी मेरे लिए एक घंटे का समय नहीं खरीद पाए।

विद्वान चाणक्य ने कहा है—

जीवन का एक क्षण करोड़ों स्वर्ण मुद्राओं से अधिक मूल्यवान है। यह पता इस बात से चलता है कि मनुष्य जीवन का बीता क्षण करोड़ों स्वर्ण मुद्राएँ देकर भी वापस नहीं मिलता।

प्रातः जल्दी उठिए

प्रात:काल में जल्दी उठने की आदत डाल कर आप समय की पाबन्दी करना शुरू करेंगे तो निश्चित ही ज्यादा काम कर सकेंगे। हमारे शास्त्र में भी कहा गया है—

प्रात: ब्रह्य मुहूर्त में उठने से जीवन में नित्य नई स्फूर्ति व उत्साह की ऊर्जा मिलती है और आलस्य से छुटकारा मिलता है। इस बारे में मैंने देश-विदेश के 100 शिखर पुरुषों की दिनचर्या का अध्ययन किया तो विदित हुआ कि उनमें से 85 लोग जल्दी उठ कर अपने-अपने कार्यों में जुट जाते थे।

किसी ने ठीक ही कहा है—

सुबह की नींद इनसान के इरादों को कमजोर करती है।
मंजिल को हासिल करने वाले कभी देर तक सोया नहीं करते।

वो आगे बढ़ते हैं जो सूरज को जगाते हैं।
वो पीछे रह जाते हैं जिन्हें सूरज जगाता है।

टाइम टेबल बनाएँ

अपनी दिनचर्या का टाइम टेबल बनाकर निश्चय करें कि किस-किस समय क्या-क्या करना है। प्रारम्भ में इससे आपको थोड़ी कठिनाई महसूस होगी, किन्तु धीरे-धीरे यह आपके रूटीन में आ जाएगा। इस प्रकार आपका जीवन व्यवस्थित हो सकेगा।

जो हमेशा कहे मेरे पास समय नहीं
असल में वह व्यस्त नहीं, बल्कि अस्त-व्यस्त है।

याद रखिए, जिस पर भी आप समय का निवेश करते हैं, उसका विकास निश्चित है। इसलिए इस बारे में विवेकपूर्ण रहें कि आपका समय किन-किन चीजों में निवेश के लिए जरूरी है।

अब्राहम लिंकन जब प्रातःकाल टहलने जाते थे, तो लोग अपनी घड़ियाँ मिला लेते थे कि समय क्या है। उनका समय नियम और क्रम पूर्णतया व्यवस्थित था। उसमें किंचित मात्र भी अन्तर नहीं आता था। इसलिए लोग उनके पैरों की एक विशेष प्रकार की आवाज से समझ लेते थे कि लिंकन जा रहे हैं और बिस्तर पर लेटे-लेटे ही घड़ियों में यदि कुछ फर्क होता तो उसे ठीक कर लेते थे। इसलिए कहा गया है—

समय ही मंत्र है समय ही तंत्र है
समय से काम करना सफलता का मंत्र है

वक्त-वक्त की बात

एक नवयुवक ने अपने दादा जी से प्रश्न किया—
"दादाजी आप लोग पहले के वक्त में कैसे रहते थे? न कोई टेक्नोलॉजी, न हवाई जहाज, न कम्प्यूटर न गाड़ियाँ, न मोबाइल।
दादाजी ने उत्तर दिया—
"जैसे तुम लोग आजकल रहते हो—न पूजा, न पाठ, न दान, न धरम, न लज्जा, न शरम।"

8

साहस और आत्मविश्वास जाग्रत कीजिए

आज तक जिन व्यक्यिों ने सफलता की ऊँचाइयों को छुआ है, वे सब साहसी और आत्मविश्वासी रहे हैं। दुनिया में सुख के साथ दु:ख, सफलता के साथ असफलता, अच्छाई के साथ बुराई, दिन के साथ रात, आशा के साथ निराशा, प्रकाश के साथ अन्धकार यानी प्रत्येक व्यक्ति के जीवन में दोनों तरह की सम-विषम परिस्थितियाँ आती रहती हैं। लेकिन साहसी व्यक्ति इस प्रकार की परिस्थितियों का मुकाबला बड़े धीरज और हिम्मत से करते हैं। वे मुसीबतों को सफलता के मार्ग की चुनौती मानते हैं। उनकी सोच रहती है—

आ मुसीबत की घटा! तेरी प्रतीक्षा है
हर मुसीबत में युगल बाँहें उठा कर
मैं तुझे आघात पर आघात दूँगा
देख ले यह भी चुनौती आजमा कर।

साहस : एक बेहतरीन टॉनिक

साहस का टॉनिक एक बेहतरीन मानसिक औषधि है। अगर आपका विश्वास है, अगर आप आशावादी है, अगर आप महान कार्य सम्पन्न कर सकते है और आपकी आत्मा साहस से ओत-प्रोत है, तो आपको कोई नहीं रोक सकता। अगर आपको पराजित भी होना पड़े तो यह पराजय क्षणिक होगी। अन्त में विजयश्री आप के कदम चूमेगी, लेकिन यदि आप कोने में बैठकर अपनी जिन्दगी गुजारें, तो यह बेहतरीन टॉनिक आपको कोई लाभ नहीं पहुँचाएगा।

साहस क्या है? यह अनुभूति शक्ति से पैदा होने वाला विश्वास है। यह मुसीबत से भिड़ने का अदम्य निश्चय है। आत्म सम्मान और आत्मविश्वास से हम साहस की भावना को विकसित कर सकते है। कोई भी बात जो हमारी योग्यता में हमारे विश्वास को दृढ़ बनाती है, वह हमारा साहस बढ़ाती है। जिस आदमी में आत्मविश्वास नहीं है, वह साहसी नहीं हो सकता।

महानता का माप

मनुष्य की महानता उसके साहस से मापी जाती है। अगर वह साहसी और पराक्रमी है तो दुनिया उसके गुण गाती है। उसके जीवन से बहुतों को प्रेरणा मिलती है।

हम युद्ध क्षेत्र में साहस की बात सुनते आ रहे हैं, लेकिन घर पर रोजमर्रा के कार्यों में इसकी और भी अधिक आवश्यकता होती है। अपने विश्वास पर डटे रहने और भीड़ के विरोध की परवाह न करने के लिए भी साहस जरूरी है।

आप कितने विरोध, कितनी भ्रान्तियों और विपदाओं का सामना कर सकते हैं? क्या लोगों का विरोध आपको झुका लेगा या आप साहस के साथ भीड़ में गर्दन उठा कर सीना फुला कर अपना निश्चय दोहराएँगे। आपने अडिग रहकर कितना सहन किया है, यही परख है। आपकी सफलता का यही एक मापदंड है।

किसी ने क्या खूब कहा है—

तरक्कियों की दौड़ में उसी का जोर चलता है
बना कर अपना रास्ता जो भीड़ से निकलता है।

साहस मन का सम्राट् है

साहस को 'मन का सम्राट्' कहा गया है। उसके अभाव के साथ ही अन्य मानसिक शक्तियाँ भी अपना कार्य करना छोड़ देती हैं। साहस के नेतृत्व की बिना कोई भी शक्ति आगे नहीं बढ़ती, परन्तु जब साहस मार्ग दिखाता है तो अन्य शक्तियाँ उभर कर सामने आ जाती हैं।

लेकिन जिस क्षण आप निराशा के वश में हो जाते हैं, तभी से आपकी सभी मानसिक शक्तियाँ दब जाती हैं। उनमें परस्पर सहयोग नहीं रहता। परिणामस्वरूप, वे कार्य नहीं कर सकती। निराशा और असफलता का प्रत्येक विचार विनाशकारी होता है। यह दिमाग को अन्धकारमय बनाकर ऐसे निर्णय कराता है, जो बहुत ही दुखदायी होते हैं।

श्रम के कमान पर चलाओ साहस के तीर

अपने गुणों के आधार पर उद्‌देश्य की ओर बढ़ने वाले व्यक्ति में यदि साहस नहीं है तो समझ लीजिए वह अपने लक्ष्य तक नहीं पहुँच पाएगा, किन्तु जिन्दादिली के साथ श्रम करते हुए आप आसमान को भी छू सकते हैं। किसी कवि ने क्या खूब कहा है—

जिन्दगी जिन्दादिली का नाम है,
इसे यूँ खाक में न जाने दो।
श्रम की कमान पर
चलाओ साहस के तीर
बेध कर गगन तक जाने दो।
खड़े होकर इस वसुन्धरा पर
छू लो आसमान के चक्षु को।
गम के अँधेरे से उबर कर
प्राप्त करलो
कठिनतम लक्ष्य को।

एक गुप्त खजाना

क्या आपको मालूम है, आपके पास एक गुप्त खजाना भी है, जो सुरक्षित चहारदीवारी के भीतर धरी आपकी सम्पत्ति से भी अधिक निश्चित और रक्षित है और जो सदा आपके पास रहता है? यही खजाना आपकी असली पूँजी है। आप अपनी प्रत्येक प्रकार की क्षति की चाहे वह सम्पत्ति की हो, धन की

हो, मित्रता की हो अथवा स्वास्थ्य की भी क्यों न हो—इस गुप्त खजाने से पूर्ति कर सकते हैं।

यदि आपका सब कुछ खो जाए तब भी आप उसकी चिन्ता न करें। यदि आपने गुप्त खज़ाने की रक्षा कर ली तो फिर आप न केवल अपना खोया हुआ फिर से प्राप्त कर सकते हैं वरन् उससे भी कई गुना पा सकते हैं।

पुराने हिब्रू लेखों में एक सेनापति की कहानी है जो एक लड़ाई में हार गया था।

हार का समाचार उस के घर पहुँचने पर उसकी पत्नी उसके कमरे में गई तो उसने अपने पति के पराजित चेहरे पर भय और अशंका के चिह्न देखे।

सेनापति अपनी पत्नी को सामने खड़ी देखकर बोला—"बड़ी बुरी खबर है, प्रिये, हमारी सेना के पैर उखड़ गए। वह हार के कगार पर है।"

पत्नी बोली—"मुझे मालूम है, पर मेरे पास तो इससे भी बुरी खबर है।"

"इससे भी बुरी?" सेनापति चिल्लाया, "इससे बुरी क्या हो सकती है।"

लेकिन उसकी पत्नी रुकी नहीं, वह कहती ही गई—"सुना मैंने कि आप लड़ाई हार गए हैं, लेकिन आपकी बातचीत और चेहरे के हावभाव से तो देख रही हूँ कि आप अपना साहस भी हार गए हो। वह हार बड़ी है कि यह? यह खबर बुरी है या वह? मेरा जिस गुप्त खजाने की ओर इशारा था, वह है आप का साहस।"

आपके सामने परिस्थितियाँ कुछ भी हों, कैसी भी हो, अपनी हिम्मत, हौसला या साहस जिसे कि 'गुप्त पूँजी' कहा गया है, बनाए रखना जरूरी है अन्यथा आपके पास कुछ भी नहीं बचेगा। जैसा कि कहा जाता है—

> If wealth is lost, nothing is lost
> If health is lost something is lost
> If courage is lost, everything is lost

आपका साहस, हिम्मत या हौसला रूपी खजाना आपके सिवा कोई दूसरा नहीं पा सकता, ले नहीं सकता, चुरा नहीं सकता और इस पर इनकमटैक्स भी नहीं लगाया जा सकता। इसे इच्छानुसार बढ़ा सकते हैं। यह खजाना व्यापार के लिए भव्य पूँजी है। यह किसी परिसम्पत्ति के लिए नवीन प्रारम्भ है। इसके बल पर आप मनचाही सफलता की मंजिल तक पहुँच सकते हैं।

किसी ने ठीक ही कहा है—

गर हो हौसला बुलन्द तो मंजिल मिल ही जाती है।
तू चले एक कदम तो, वह दो कदम चली आती है।

साहस और सकारात्मक दृष्टिकोण

आपने कछुए और खरगोश की कहानी सुनी होगी। दौड़ में कछुआ विजेता बना। यह एक प्रतीकात्मक कहानी है, जिसमें एक गहरा जीवन-दर्शन छिपा हुआ है।

ऐसे कितने लोग होते हैं जो उस दौड़ में शामिल होने का साहस रखते हैं, जिसमें उनसे अधिक क्षमतावान लोग उनके प्रतियोगी के रूप में खड़े होते हैं। कछुए के पास क्षमता सीमित थी, पर साहस पूरा था। उसका दृष्टिकोण सकारात्मक था। वह दौड़ जीत गया। खरगोश अतिविश्वास के कारण सुस्ताने लगा और अपनी क्षमताओं का भरपूर उपयोग नहीं किया और वह दौड़ हार गया। कछुआ लक्ष्य के प्रति निरन्तर सजग रहा। वह धीरे-धीरे चला, पर उसने विश्वास और श्रम के सन्तुलन को बनाए रखा। इसलिए सफलता प्राप्त कर सका। यदि वह दौड़ शुरू होने से पहल ही सोच लेता कि तेज दौड़ने वाले खरगोश के सामने वह नहीं टिक पाएगा, तो वह इस शानदार जीत का हकदार नहीं हो सकता था। काम शुरू करने से पहले ही यदि हम असफल होने के डर से ग्रसित हो जाते है, तो वहीं हार जाते हैं। जीवन में जीत के लिए जरूरी है कि हममें आत्मविश्वास हो। जीत के लिए जोखिम उठाना पड़ता है। जिन्होंने उठाया, वे व्यक्ति सिकन्दर, नेपोलियन और गांधी बनकर इतिहास के पन्नों को रौशन कर गए। इनके विरोधी इनसे ज्यादा शक्तिशाली रहे, किन्तु इन्होंने जूझना जारी रखा। साहस किया और सफलता पाई।

किसी ने सफलता के सन्दर्भ में ठीक ही कहा है—

चलते रहे सदा जगत् में
क्या थकना क्या सुस्ताना
हार मान कर बैठा जो भी
उसे पड़ा है पछताना।

आत्मविश्वास

आत्मविश्वास और सफलता में चोली-दामन का साथ है, लेकिन जब तक आत्मविश्वास नहीं होगा, सफलता आपके पास नहीं आएगी। सबसे पहले आप आत्मविश्वास पैदा करें, सफलता स्वयं चलकर आपके पास आएगी।

चामत्कारिक शक्ति

आत्मविश्वास में बड़े से बड़ा चमत्कार कर दिखाने की शक्ति है। बचपन में नेपोलियन एक मरियल-सा लड़का था, लेकिन कालान्तर में वह दुनिया का श्रेष्ठ सेनापति बन गया। अब्राहम लिंकन गरीब किसान का बेटा था। बचपन में लकड़ियाँ काटता था, लेकिन अमेरिका का स्मरणीय राष्ट्रपति बन गया। बचपन में जूतों पर पॉलिश करने वाला लिंडन बी. जॉनसन अमेरिका का उपराष्ट्रपति बन गया। अखबार बेचने वाले अब्दुल कलाम आजाद भारत के राष्ट्रपति बन गए। चाय बेचने वाले मोदी देश के प्रधानमंत्री बन गए। हेनरी फोर्ड बचपन में फटेहाल था, दुनिया का सर्वश्रेष्ठ उद्योगपति बन गया।

गौतम बुद्ध, ईसा मसीह, महात्मा गांधी जैसे लोगों ने अपने आत्मविश्वास के बल पर दुनिया को ही बदल डाला। ईश्वर ने जो शरीर, मस्तिष्क और स्नायु तंत्र इनको दिया था, क्या हमको भी वही नहीं दिया है? जिसमें आत्मविश्वास भरपूर है, उसके लिए दुनिया में कुछ भी असम्भव नहीं है।

सच्चा मित्र और सबसे बड़ी पूँजी

जीवन के सभी क्षेत्रों में सफल होने के लिए आत्मविश्वास की आवश्यकता होती है। अच्छे-से-अच्छा तैराक भी आत्मविश्वास के अभाव में किसी नदी को पार नहीं कर सकता। वह बीच नदी के भंवर में फँस जाएगा या नदी के बहाव में बह जाएगा अथवा हाथ-पैर पटक कर लौट आएगा। जीवन में अनेक समस्याएँ, उलझनें और विपत्तियाँ आती रहती हैं। आत्मविश्वास वह ताकत है जो हजार विपत्तियों का सामना कर उन पर पूरी पूरी विजय प्राप्त कर सकती है और सफलता का मार्ग प्रशस्त कर सकती है। वास्तव में यही मनुष्य का सच्चा मित्र और उसकी सबसे बड़ी पूँजी है।

स्वामी विवेकानन्द का कथन है कि—

आत्मविश्वास सरीखा दूसरा कोई मित्र नहीं। आत्मविश्वास के कारण दुर्गम पथ भी सुगम बन जाते हैं, बाधाएँ मंजिल तक पहुँचाने वाली सीढ़ियाँ बन जाती हैं।

उत्कृष्ट उपलब्धियों का जनक

दुनिया का इतिहास आत्मविश्वासी व्यक्तियों का इतिहास है। आत्मविश्वास उत्कृष्ट उपलब्धियों का जनक है। आत्मविश्वासी व्यक्ति जीवन में कभी भी असफल नहीं हो सकता। सफलता स्वयं ऐसे व्यक्ति के कदम चूमती है, क्योंकि उसके कदम एक बार जिस दिशा में उठ गए, फिर मंजिल पर पहुँच कर ही रुकते हैं।

संसार मे जितने भी महापुरुष हुए हैं, उनमें गजब का आत्मविश्वास था। जीवन में साधारण व्यक्ति भी असाधारण उपलब्धियाँ प्राप्त कर सकता है, यदि वह आत्मविश्वास से भरा हुआ हो। आत्मविश्वास एक टॉनिक है जो हताश निराश मनों में प्राण फूँकता है। आत्मविश्वास के बल पर शारीरिक रूप से अक्षम व्यक्तियों ने भी असाधारणता सफलता प्राप्त की है।

किसी शायर ने कहा है—

जिन्दगी जीने का मकसद खास होना चाहिए
और अपने आप पर विश्वास होना चाहिए
जीवन में उपलब्धियाँ मिलने में शक नहीं
बस उपलब्धियाँ पाने का अन्दाज होना चाहिए

ब्रिटेन का राणा सांगा

इंग्लैंड का वेल्स बचपन से ही बहुत दुबला-पतला मरियल-सा था, पर उसकी हिम्मत देखते ही बनती थी। एक साधारण सिपाही से वह सेनापति बन गया। उसने ऐसे मोर्चे जीते, जिनमें किसी को सफलता की उम्मीद नहीं थी। एक लड़ाई में उसका दाहिना हाथ चला गया, फिर भी उसने हिम्मत नहीं हारी।

दूसरे मोर्चे में एक आँख चली गई, तो भी हिम्मत नहीं हारी। सरकार ने उसे अपंगों की पेंशन देनी चाही तो उसने उसे लेने से इनकार कर दिया। अगले मोर्चे पर वह पहले से भी अधिक उत्साह से लड़ने गया। लड़ाई जीतने का उसे पूरा-पूरा भरोसा था, क्योंकि उसके पास सूझ-बूझ वाला आत्मविश्वास से भरा दिमाग और कलेजा था। सभी परिस्थितियों में इतनी सफलता प्राप्त करनेवालों में में वेल्स का नाम सेना के इतिहास में अनूठा था। उन्हें 'ब्रिटेन का राणा सांगा' कहा जाता है।

जीवन व्यवहार में चैतन्यता एवं जीवटता

कोई व्यक्ति कितना भी विद्वान, गुणी, शक्तिशाली क्यों न हो, लेकिन यदि उसमें आत्मविश्वास नहीं है, तो वह विद्वान होकर भी मूर्खों जैसे जीवन व्यतीत करेगा, बलवान होकर भी कायर सिद्ध होगा। आत्मविश्वास मनुष्य के कार्य-कलाप, उसके जीवन व्यवहार, गति आदि में एक प्रकार की चैतन्यता और जीवटता भर उसके समस्त जीवन को प्राणवान बना देता है। ऐसे व्यक्ति का व्यक्तित्व अत्यन्त प्रभावी बन जाता है। वह सहज में ही दूसरों को अपनी ओर आकर्षित कर लेता है।

आत्मविश्वास वह शक्ति है, जो साधारण व्यक्ति को असाधारण और आम से खास बना देती है। आत्मविश्वास के अभाव में आपका सारा ज्ञान और योग्यताएँ धरी रह जाती है। इसके बिना न तो आपका ज्ञान काम आएगा और न ही योग्यताएँ आपका साथ देंगी।

९

टालमटोली की आदत से बचिए

आदमी की उन्नति और सफलता के मार्ग में सबसे बड़ी बाधा है—काम को कल पर टालते जाना। काम को टालने या स्थगित करने की आदत ने जितनी जिन्दगियाँ बर्बाद की हैं, उतनी युद्धों, बीमारियों और प्राकृतिक प्रकोपों ने मिलकर भी नहीं की होंगी।

स्वेट मार्डेन का कथन है—

> *बहुत-से जिन लोगों ने अपना काम कल पर छोड़ा है, वे संसार में पीछे रह गए, अन्य लोगों द्वारा प्रतिस्पर्धा में हरा दिए गए।*

जो करना है, उसे आज से ही शुरू करें

आपको अगर दु:ख, निराशा और विफलता से नहीं जीना है, सफल और सुखी लोगों को देखकर ईर्ष्या की अग्नि में नहीं झुलसना है तो बस एक ही तरीका है—जो काम करना है, उसे आज ही, अभी शुरू कर दीजिए। कल पर कभी न टालें क्योंकि कल कभी नहीं आता।

किसी ने ठीक ही कहा है—

जिसने कहा कल, दिन गया टल
जिसने कहा परसों, बीत गए बरसों
जिसने कहा आज, उसने किया 'राज'।

आस्कर वाइल्ड का कथन है—

कोई भी आदमी इतना अमीर नहीं होता कि वह अपने बीते हुए दिन खरीद सके।

कबीर दास ने कहा है—

कबीर जो दिन आज है, सो दिन नाहिं काल।
चेत सके तो चेति ले, मीच परी है खयाल॥

जो लोग आज के काम को कल पर टाल देते हैं, वह काम कभी पूरा नहीं होता क्योंकि उसे अगले दिन भी करना कठिन लगता है। मन पर काम का बोझ बना रहता है और मन चिन्ता से घिरा रहता है। परिणाम यह होता है कि काम एक बोझ लगने लगता है। जो काम बड़े आनन्द के साथ किया जा सकता है, कल वह हमें दु:ख देने वाला कांटा कभी नहीं बन जाता है।

समय चूक की हूक

समय की बर्बादी का सबसे बड़ा दुश्मन है—किसी काम को आगे के लिए टाल देना, आज नहीं तो कल करेंगे, यह ठीक नहीं है।

स्वेट मार्डेन का कथन है—

इतिहास के पृष्ठों में कल की धार पर कितने प्रतिभावानों का गला कट गया, कितनी योग्यताएँ अधूरी रह गईं, कितने निर्णय बस यों ही रह गए, कितने पछताते हाथ मलते रह गए, लेकिन बाद में पछतावे करने से क्या लाभ?

कवि रहीम ने ठीक ही कहा है—

समय लाभ सम लाभ नाहिं, समय चूक नहीं चूक
चतुरन चित रहिमन लगी, समय चूक की हूक।

समय की चूक पश्चात्ताप की हूक बन जाती है। यदि आप जीवन में कुछ बनना चाहते हैं, सफलता पाना चाहते हैं, तो अपने किसी काम को भूल कर भी कल पर न टालें। जो काम आज किया जाना है, उसके लिए आज का ही दिन निश्चित करें।

बासी काम (कल का) बासी भोजन

बासी (कल का) काम बासी भोजन की तरह अरुचिकर हो जाया करता है और फिर उसे न करने की इच्छा होती है और करने पर सुव्यवस्थित ढंग से हो भी नहीं पाता। कल के काम का दबाव बासी काम को एक बेगार बना देता है जो रो-झींक कर किया जा सकेगा। इससे हमारी दक्षता पर निश्चित ही विपरीत प्रभाव पड़ता है।

आलस्य नामक पक्षी का घोंसला

काम को कल पर टालने के पीछे एक बड़ा कारण है—आलस। 'आलस' नाम का यह पक्षी सभी के सिर पर मंडराता रहता है। ऐसे में व्यक्ति को चाहिए कि वह इस पक्षी को अपने सिर पर घोंसला बनाने की अनुमति न दे। प्राय: देखा जाता है कि सफल और असफल, दोनों प्रकार के व्यक्ति को आलस्य अपने घेरे में लेने का प्रयास करता है, लेकिन वही व्यक्ति सफल होता है जो आलस्य के चक्रव्यूह को तोड़कर उससे जल्दी बाहर निकल आता है।

मनुष्य की सफलता के मार्ग में सबसे बड़ा रोड़ा आलस्य है। इस पर काबू पा लेने वाला जिन्दगी में कभी नहीं हारता क्योंकि आलस विहीन होने का परिणाम होता है—सकर्मणता और सकर्मणता ही सफलता का मार्ग प्रशस्त करती है। जबकि आलसी मनुष्य सदैव ही देवता का, भाग्य का, प्रारब्ध का, काल का, समय का, अनावश्यक आश्रय लेकर उसे दोषी ठहराता है। जैसा कि कहा गया है—

कादर मन कह एक अधारा, दैव-दैव आलसी पुकारा

काम को टालने का खूबसूरत अन्दाज

आज कल-कल-कल की स्थिति बड़ी विकट होती है। यह काम को टालने का खूबसूरत अन्दाज है जो मनुष्य के सुखों को छीनने वाला सिद्ध होता है।

स्टेफन लिको ने लिखा है कि हमारे जीवन की यह छोटी-सी शोभा यात्रा भी कितनी विचित्र है। आज का काम कल पर छोड़ दिया जाता है। बालक कहता है कि किशोर होने पर देखा जाएगा, किशोर युवावस्था की प्रतीक्षा करता है और युवा बनने पर कहता है कि गृहस्थ बनने पर देखेंगे और तब तक विचार बदल जाता है। सोचता है गृहस्थ हो गया तो क्या हुआ, पहले सांसारिक झंझटों से निपट लूँ, तब देखूँगा। और जब काम काज से छुट्टी मिल जाती है तब वह अपने अतीत पर दृष्टिपात करता है और उसे लगता है, जैसे अतीत पर पाला पड़ गया हो, सब कुछ समाप्त हो गया हो।

जो व्यक्ति समय के मूल्य को पहचानते हैं, वे समय पर एवं समय से अपना काम करते हैं और सफलता अर्जित करते हैं। जो समय के महत्त्व को नहीं समझते और हर काम में टालमटोली करते हैं, वे अपनी असफलता के लिए भाग्य को दोष देते रहते हैं और दुखी होते रहते हैं। दोनों तरह के व्यक्तियों के दृष्टिकोणों को निम्नांकित कथन से समझा जा सकता है—

काल करै से आज कर आज करै सो अब
पल में परलय होएगी, बहुरि करेगा कब।

एवं

आज करे सो काल कर, काल करै सो परसों।
जल्दी-जल्दी क्यों करता है, अभी जीना है बरसों॥

स्पष्ट है कि प्रथम दृष्टिकोण वाले व्यक्ति जीवन में कुछ करके जीवन की सार्थकता सिद्ध करना चाहते हैं और द्वितीय दृष्टिकोण वाले व्यक्ति की आदत हर काम को टालने की होती है। ये इसी प्रकार अपनी जिन्दगी व्यतीत कर देते हैं। इनका कल कभी नहीं आता तथा असफलता और निराशा इनकी नियति बन जाती है।

आने वाला कल कभी नहीं आता

आने वाला कल कभी नहीं आता। वो वह भी आता है तो आज बन कर आता है। इसलिए आने वाले कल में जो भी अच्छा करने की चाह हो, उसकी शुरुआत आज से ही करनी चाहिए।

इसलिए आप 'हो जाएगा', 'देखा जाएगा' 'कर लेंगे' जैसे शब्दों से बचिए। काम को तुरन्त निपटाने की आदत डालिए।

टालमटोल की आदत को त्यागें, अपने अन्दर की स्फूर्ति और उत्साह को बनाए रखें। सवेरे जल्दी योजना बनाएँ, उस पर अमल करें और सभी कामों को अपने नियत समय से पूर्व ही सम्पन्न कर लें। आप पाएँगे कि आप गजब के आत्मविश्वासी हो गए हैं और इससे मिलने वाली सन्तुष्टि तो आपको बोनस के रूप में मिलेगी।

10

धैर्य धारण कीजिए

धैर्य वह मानसिक अवस्था है, जिसमें हमारा मन विपरीत परिस्थितियों में भी विचलित नहीं होता। मन का विचलित न होना इस बात का प्रमाण है कि हमने परिस्थितियों को अपने ऊपर हावी नहीं होने दिया। परिस्थितियों को अपने ऊपर हावी न होने देने का अर्थ है कि हम स्वयं को सामने खड़ी विपरीत परिस्थितियों से अधिक सक्षम मान रहे हैं।

विपरीत परिस्थितियों का सामना जीवन में सभी को करना पड़ता है। किसी को कम तो किसी को अधिक, किसी को आज तो किसी को कल और ये परिस्थितियाँ ही हमारे धैर्य की परीक्षा की सच्ची कसौटी हैं। जो लोग जितने अधिक धैर्य की परीक्षा में खरे उतरते हैं, उतने ही सफलता के भागीदार बनते हैं।

उतावला सो बावला

वर्तमान वैज्ञानिक युग में सबसे बड़ी समस्या है—अधीरता यानी धैर्य का अभाव। लन्दन के डॉक्टर डेनिस का कथन है कि आज दुनिया तेज गति की दीवानी भले ही हो, किन्तु इस हड़बड़ी से लोगों का सुख-चैन छिन गया है और इसने अनेक बीमारियों को जन्म दिया है। उनमें से एक है—अवसाद यानी नर्वस ब्रेकडाउन।

मन-मस्तिष्क में अधीरता और हड़कंप की प्रक्रिया से शरीर बुरी तरह प्रभावित होता है। इस बारे में मनोचिकित्सकों का कहना है कि इससे रक्तचाप की अधिकता, नर्वस ब्रेकडाउन जैसे रोग लग जाते हैं। लगातार हड़बड़ी में रहने वाले लोग अक्सर गहरी साँस नहीं ले पाते, जिससे उनके मस्तिष्क को

ऑक्सीजन की कम मात्रा मिल पाती है और उपयोगी हार्मोन के स्थान पर अनुपयोगी हार्मोन स्त्रावित हाते रहते हैं, जो अनेक बीमारियों और विपत्तियों को जन्म देते हैं और बेचैनी तथा व्यग्रता बनाए रखते हैं। अधीरता - अशान्ति की जननी है। कहा भी गया है—*उतावला सो बावला, धीरा सो गम्भीरा।*

अमेरिका के प्रसिद्ध हृदय रोग विशेषज्ञ डॉ. लुहंगी जैकोवैली का कथन है कि—

> *वर्तमान युग में मनुष्य जितना बेचैन है, अधैर्यवान है, उतना कभी नहीं देखा गया। हर समय भागम-भाग, प्रत्येक काम में उतावलापन और अधीरता ने मनुष्य का मस्तिष्क खोखला कर दिया है।*

रूसो का कथन है कि—

> *धैर्य कड़वा होता है, लेकिन उसका फल मीठा होता है। बहुत-से कार्यों में हमें धैर्य रखना होता है।*

अधीर व्यक्ति हर काम को चुटकी बजाते पूरा कर जल्दी-से-जल्दी अपनी मेहनत का फल पाना चाहता है। यदि काम उसकी योजना के अनुसार नहीं चलता तो उतावली में कुछ-का-कुछ करने लगता है या फिर काम अधूरा छोड़ देता है। दोनों ही स्थिति में वह परेशान होता है और दुखी रहता है।

असफलता का प्रमुख कारण— अधैर्य

अधैर्य यानी उतावली का स्वभाव जीवन को असफल बनाने वाला एक भयंकर खतरा है। कार्य की पूर्णता में समय लगता है। कपास को कपड़े के रूप में परिवर्तित करने में कई कड़ी मंजिलों को पार करना होता है और कठोर व्यवधानों में होकर गुजरना पड़ता है। जो संक्रान्ति काल के बीच के क्रम को धैर्य पूरा होने का इन्तजार नहीं कर सकता, उसे रूई को कपड़े के रूप में देखने की उम्मीद नहीं रखनी चाहिए। किया हुआ परिश्रम एक विशिष्ट प्रक्रिया के द्वारा फल बनता है। इसमें देर लगती है और कठिनाइयाँ भी आती हैं। कभी-

कभी तो कई बार का प्रयत्न भी सफलता पर नहीं पहुँचाता, तब अनेक बार अधिक समय तक लगातार धैर्य के साथ जुटे रहकर अभीष्ट सिद्धि को प्राप्त करना होता है। अधैर्यवान व्यक्ति इतनी दृढ़ता नहीं रखते। जरा-सी कठिनाई या विलम्ब होने से घबरा जाते है और मैदान छोड़कर रणछोड़ बन जाते हैं।

सफल जीवन जीने के लिए हमें सदैव धैर्यवान रहना चाहिए। जीवन में हमें जो बनना है, जो हमारे उद्‌देश्य या लक्ष्य हैं, वे सब धैर्य से प्रयत्न करने पर ही मिलेंगे।

सुप्रसिद्ध संत कबीर का कथन है—

कबीरा धीरज के धरे, हाथी मन भर खाय।
टूक एक के कारने, स्वान घूरे पर जाय।

ऐसी सवारी जो सवार को गिरने नहीं देती

धैर्य रहित स्थिति यानी अधीरता में छोटा कार्य भी बड़ा हो जाता है। वस्तु हाथ में है, पर अधीरता के कारण वह इधर-उधर ढूँढ़ता फिरता है। चश्मा आँखों पर लगा हुआ है, पर वह चारों तरफ ढूँढ़ता फिरता है। अधीर व्यक्ति को कर्तव्य और अकर्तव्य का भी भान नहीं रहता है। वह अनुचित कार्य करने में भी पीछे नहीं रहता। शक्तिशाली व्यक्ति भी अधीरता से कमजोर बन जाता है। तेजी से चलने वाली मोटर को भी ड्राइवर मोड़ के स्थान पर धीमी कर देता है। यदि ऐसा धैर्य ड्राइवर में न हो तो मोटर को खतरा हो सकता है। हमारे देश में रात-दिन बड़ी संख्या में होने वाली दुर्घटनाओं का सबसे बड़ा कारण वाहन चालक की अधीरता ही है। किसी ने धैर्य (सब्र) के बारे में ठीक ही कहा है—

सब्र एक ऐसी सवारी है जो अपने सवार को कभी भी गिरने नहीं देती—न किसी के कदमों में, न नजरों में।

बन्दरों का उपवास

बन्दरों के एक समूह ने एक बार यह सोचा कि क्यों न सभी मिलकर एक दिन का उपवास करें? एक बन्दर ने दूसरे बन्दर से बात की और दूसरे ने तीसरे से। इस प्रकार सभी बन्दरों में यह बात तय हो गई कि आगामी सोमवार को

वे उपवास रखेंगे। बन्दरों के मुखिया के सामने सभी बन्दर इकट्ठे हुए और उन्होंने उपवास करने वाली बात उसे बता दी। मुखिया को उपवास वाली बात बहुत पसन्द आई।

मुखिया ने कहा कि क्यों न हम उपवास करने से पहले अपने पास खाने-पीने की चीजें रख लें ताकि शाम को जैसे ही उपवास खत्म हो, हमें खाने के लिए ज्यादा देर तक इन्तजार नहीं करना पड़े। मुखिया ने यह बात अनुभव से कही थी, इसलिए सभी ने ऐसा करने की सहमति दे दी। उपवास से पहले सभी बन्दर जंगल में जाकर कई दर्जन बढ़िया केले ले आए और उनका एक जगह ढेर लगा दिया। इसके बाद सभी बन्दर उपवास करने बैठ गए। अभी बन्दर बैठे ही थे कि मुखिया ने कहा कि जब उपवास खत्म होगा, तो हमें केले आपस में बाँटने पड़ेंगे और इसमें समय व्यर्थ जाएगा। क्यों न हर कोई अपने हिस्से के केले अभी से अपने पास रख ले? ऐसा ही हुआ और सभी बन्दरों ने केले के ढेर में से अपने हिस्से के केले अपने पास रख लिए। थोड़ा ही समय गुजरा था कि एक बन्दर बोला—"उपवास खत्म होने पर हमें केले छील कर खाने होंगे तो क्यों न अभी खाली समय में हम केलों को छील कर रख लें?" मुखिया ने कहा कि हम ऐसा कर सकते हैं। सभी ने अपने-अपने केले छील कर रख लिए। अभी यह काम करके सभी बैठे ही थे कि एक बाल-बन्दर उछलता हुआ आया और बोला—"मुखियाजी-मुखियाजी, क्या मैं केले को अपने मुँह में रख लूँ, ताकि समय की बचत होगी। मैं उसे खाऊँगा नहीं। "पक्का!" मुखिया ने कहा कि हम यह भी कर सकते हैं।...और एक बार केला मुँह में रखने के बाद बन्दरों का उपवास शुरू होने से पहले ही खत्म हो गया।

अधैर्यवान, उतावले और कमजोर इच्छा शक्ति वाले लोगों के कार्यों के नतीजे ठीक बन्दरों के उपवास की तरह निष्फल हो जाते हैं।

भगवान बुद्ध की सीख

भगवान बुद्ध को प्यास लगी थी। उनका एक शिष्य पास की पहाड़ी पर पानी लेने गया, लेकिन उसने देखा कि झरने से कुछ बैलगाड़ियाँ गुजरी हैं, जिससे सारा पानी मैला हो गया है। शिष्य वापस लौट आया और भगवान से बोला—"मैं पीछे छूटी नदी से पानी ले आता हूँ। इस झरने का पानी बैलगाड़ियों के गुजरने

से गन्दा हो गया है, किन्तु भगवान ने शिष्य को वापस उसी झरने पर से पानी लाने को भेजा, लेकिन तब भी पानी साफ न होने की वजह से शिष्य बिना जल लिये लौट आया। ऐसा तीन बार हुआ, परन्तु चौथी बार शिष्य हैरान रह गया, जब उसने देखा कि झरने के सब सड़े-गले पत्ते नीचे बैठ चुके थे। सारी मिट्टी और काई बहकर जा चुकी थी। जल आईने की तरह साफ और स्वच्छ हो गया था। शिष्य इस बार खुशी-खुशी जल भर कर लौटा।

भगवान बुद्ध ने शिष्य से कहा—"हमारे जीवन रूपी जल को भी अधैर्य के विचारों की बैलगाड़ियाँ गन्दा कर देती हैं यानी बने बनाए काम को बिगाड़ देती हैं। लेकिन मन के इन विचारों की गन्दगी से भागना नहीं चाहिए, बल्कि मन की झील को धैर्य के साथ पानी की तरह कुछ देर शान्त होने का समय दें, तो सब कुछ ठीक-ठाक हो जाएगा।

धैर्य—शासनकर्ता का सबसे बड़ा गुण

एक बार विद्वानों की सभा में इंग्लैंड के पूर्व प्रधानमंत्री विलियम पिट ने एक प्रश्न किया कि प्रधानमंत्री के लिए आवश्यक गुण कौन-सा होना चाहिए? किसी ने कहा—परिश्रम, तो किसी ने कहा—उत्साह, एक ने कहा—वाक्पटुता तो दूसरे ने कहा—निडरता। इस प्रकार सभी ने अपनी-अपनी दृष्टि से भिन्न-भिन्न बातें बताईं। लेकिन पिट को सन्तोष नहीं हुआ तो उन्होंने कहा—धैर्य से बढ़कर दूसरा कोई गुण शासक के पास नहीं हो सकता। अगर शासनकर्ता के पास धीरज का गुण न होगा, तो वह कभी भी युद्ध प्रसंग खड़ा कर हजारों-लाखों लोगों को मौत के मुँह में धकेल देगा।

एड्मंड हिलेरी का धैर्य

आपने एड्मंड हिलेरी का नाम जरूर सुना होगा जो हिमालय पर्वत की सबसे ऊँची चोटी माउंट एवरेस्ट पर सबसे पहले चढ़े थे। उन्होंने तीन बार चढ़ने की कोशिश की, मगर उन्हें सफलता नहीं मिली और उन्हें वापस लौटना पड़ा।

आखिरकार हिलेरी अपने चौथे प्रयास में सफलतापूर्वक एवरेस्ट पर चढ़ गए। यदि हिलेरी धैर्य नहीं रखते तो क्या वे इस अभूतपूर्व सफलता और सम्मान के हकदार बन पाते?

किसी ने ठीक ही कहा है—

जिन्दगी में समस्याओं और दुखों के बादलों को हटाने के लिए हमें धैर्य की रौशनी को जलाना जरूरी है।

धैर्य के बल पर आप किसी भी दु:ख का सामना कर सकते हैं और किसी भी हार से बच सकते हैं। धैर्य के बल पर आप अपने भाग्य पर नियंत्रण कर सकते हैं और अपनी मनचाही चीज प्राप्त कर सकते हैं। धैर्य सन्तुष्टि की कुंजी है आप के लिए और उन लोगों के लिए, जो आपके साथ रहते हैं। इसलिए कहा गया है—

कारज धीरे होतु हैं, काहे होत अधीर
समय पाय तरवर फलैं, केतक सींचो नीर।

कबीर की इस वाणी का भी यही अर्थ है कि हम धैर्य रखकर तो सब कुछ पा सकते हैं, लेकिन अधीर होने से कुछ नहीं मिलता।

महान वैज्ञानिक एडिसन का धैर्य

महान वैज्ञानिक एडीसन अपनी प्रयोगशाला में एक नवीन प्रयोग कर रहे थे। अपनी मदद के लिए उन्होंने एक नवयुवक वैज्ञानिक को रखा था। नवयुवक पहले तो लगन और उत्साह से काम करता रहा, लेकिन जैसे-जैसे समय गुजरता गया, प्रयोग में सफलता प्राप्त नहीं हुई तो वह निराश हो गया उसे काम से अरुचि होने लगी। उसने निर्णय कर लिया था कि वह अब इस व्यर्थ के प्रयोग में अपना अधिक समय खराब नहीं करेगा। वह एडीसन को स्पष्ट शब्दों में कह देगा कि अब वह और अधिक समय यहाँ काम नहीं करेगा, किन्तु यह बात कहने के लिए जब भी वह एडीसन की तरफ देखता तो उस वृद्ध की आँखों में अलौकिक ज्योति देख शान्त रह जाता और कुछ भी कहने का साहस न जुटा पाता। एडीसन के उत्साह में जरा भी कमी नहीं आई। वह प्रतिदिन अलग-अलग प्रकार के प्रयोग करते रहते।

पाँच महीने के पश्चात् युवक का धैर्य जवाब दे चुका था। उसने एडीसन से बिना नजरें मिलाए कहा—"सब प्रयोग व्यर्थ गए, कोई नतीजा नहीं निकला। इस प्रयोग को बन्द कर देना चाहिए।"

एडीसन ने गम्भीरता से कहा—"सफलता के इतने नजदीक आने के बाद बन्द कर दें?" युवक ने आश्चर्य से बोला—"नजदीक कहाँ? सफलता तो आज भी हमसे उतनी ही दूर है, जितनी पहले दिन थी और आज पाँच महीने बीत गए।"

एडीसन ने कहा—"ऐसा लगता है, जैसे तुम गणित भूल चुके हो। इतने रास्ते हमने देख लिए जो बेकार गए हैं, इसका मतलब साफ है कि अब बेकार रास्ते कम रह गए। अगर तीन सौ रास्ते हैं जिनमें से दो सौ बेकार गए, इसका अर्थ है कि मात्र सौ रास्ते बचे हैं। आज नहीं तो कल, कल नहीं तो परसों, हम सफलता के नजदीक आते जा रहे हैं। तुम कैसे उतावले हो कि सफलता के इतने पास आकर हार मान बैठे हो, जबकि जीत हमारे पास है।

कवि रहीम ने ठीक ही कहा है—

धीरे-धीरे रे मना, धीरज में सब होय
माली सींचे सौ घड़ा, रितु आए फल होय

सफलता के लिए धैर्यपूर्वक पूरी तैयारी करने का नियम जीवन के हर क्षेत्र में लागू होता है। हम वही प्राप्त कर सकते हैं, जिसके लिए हम निरन्तर प्रयास करते हैं।

सिर पर सांड उठाने वाला युवक

एक युवक ने अपने सिर पर सांड उठा लेने का दृढ़ निश्चय किया। उसने अन्दाजा लगाया कि आज एक बछड़ा तो वह आसानी से उठा सकता है। इसके लिए वह चरागाह गया और हाल में ही पैदा हुआ एक बछड़ा उसने गोद में उठा लिया। वह नित्य ही उस बछड़े के साथ ऐसा करता रहा। नित्य बछड़ा बढ़ता रहा और युवक अपनी शक्ति बढ़ाता रहा। उसे ज्ञात ही नहीं हुआ कि किस क्रम से बछड़ा और उसकी शक्ति बढ़ रही है। तीन वर्ष का समय बीतते-बीतते वह 'सांड उठाने वाले जवान' के नाम से मशहूर हो गया।

यह सब कार्यों के साथ होता है, पर कठिनाई यह है कि हम समय नहीं लगाना चाहते और इच्छित फल प्राप्ति या सफलता पाने तक धैर्य नहीं रखते, जबकि धैर्यपूर्वक योजना बना कर किया गया प्रत्येक कार्य सफल होता है।

धीरे-धीरे कार्य करके व्यक्ति सांड उठाने वाले युवक की तरह सीढ़ी-दर-सीढ़ी अपनी मंजिल तक पहुँच सकता हैं।

किसी ने ठीक ही कहा है—

जितना जिसका धैर्य प्रबल है
उसकी उतनी सृष्टि होगी
जिसका जितना बड़ा स्वप्न होगा
उसकी उतनी बड़ी दृष्टि होगी।

कैल्विन कुलीज का कथन

धैर्य का स्थान संसार में कोई भी नहीं ले सकता। योग्यता नहीं, क्योंकि योग्य और असफल व्यक्तियों से तो संसार भरा पड़ा है। बुद्धि भी नहीं, क्योंकि असफल बुद्धिमान मानो एक कहावत बन गई है। शिक्षा भी नहीं, क्योंकि दुनिया में कितने पढ़े-लिखे बेकार हैं। धैर्य अमूल्य है। धैर्य के साथ बढ़े चलो। इसी सूत्र ने मानव जाति की समस्याएँ सुलझाई हैं और लोगों को सफलता दिलाई है।

योग्यता, बुद्धि, साहस आदि चीजें होना बहुत अच्छी बात है, पर सफलता केवल उनके होने से नहीं, योग्यता तो कई बार अनेक कारणों से कम या अधिक भी हो जाती है, पर व्यक्ति का धैर्य स्थिर रहता है। धैर्य का फल हमेशा मीठा होता है।

टॉल्सटॉय की सफलता का राज

एक युवक ने रूस के विद्वान लेखक टॉल्सटॉय से पूछा—"आपकी सफलता का रहस्य है क्या है?" टॉल्सटॉय ने बताया, "बेटे इस रहस्य का नाम है धैर्य।"

टॉल्सटॉय ने मुस्कुराते हुए आगे कहा कि दुनिया में ऐसा कोई कार्य नहीं है जिसे पूरा न किया जा सके, बशर्ते कि करने वाले में धैर्य हो।

युवक ने कहा—"लेकिन एक काम ऐसा भी है, जो बहुत धैर्य रखने के बावजूद नहीं किया जा सकता।"

टॉल्सटॉय ने पूछा वह क्या, युवक ने कहा, "छलनी में पानी भरना।"

टॉल्सटॉय ने मुस्कुराते हुए कहा—"अरे, इसमें क्या बड़ी बात है? इसे भी किया जा सकता है, बशर्ते पानी के जमने तक कोई धैर्य रख सके।"

वस्तुत: उतावलापन या अधैर्य एक प्रकार का मनोरोग है जिसमें एड्रीनल ग्रंथियों में आवश्यकता से अधिक स्राव होने लगता है। झल्लाने, चिढ़ने, क्रोधित होने, बात-बात पर आगबबूला हो उठने से यह रोग बढ़ता है। अत: शान्त चित्त और मधुर व्यवहार की यदि आदत बना ली जाए, तो अधैर्य या उतावलेपन की व्याधि से सहज ही छुटकारा पाया जा सकता है।

अन्त में, कहा जा सकता है कि धैर्य मनुष्य का सबसे बड़ा मित्र है। जिसने इससे दोस्ती की, उसे जीवन की सारी खुशियाँ प्राप्त हो सकती हैं। हमें जीवन के प्रत्येक क्षण में धैर्य की आवश्यकता है। बिना धैर्य के हमें कोई बड़ी उपलब्धि या सफलता नहीं मिल सकती।

11

प्रेरणा एवं उत्साहजनक वातावरण में रहिए

प्रेरणा क्या है? प्रेरणा एक ऐसी चीज है, जो हमारे काम की भावनाओं को प्रोत्साहित करती है। प्रेरित करने का मतलब है--प्रोत्साहित करना और अंत:प्रेरित करना। अंत:प्रेरणा से सोच में बदलाव आता है, जबकि प्रेरणा से काम में बदलाव आता है। अत: यह हमारे कामों और भावनाओं में जान डाल देती है।

प्रेरणा हमारे जीवनरूपी गाड़ी को आगे बढ़ाती है। यह सफल होने की आकांक्षा से आती है। सफलता के बिना जीवन का कोई आनन्द नहीं, उत्साह नहीं - वह चाहे घर हो या ऑफिस, जिन्दगी की गाड़ी एक पंचर पहिए की तरह हिचकोले खाते चलती है।

जीवन में सफलता और अपने लक्ष्य तक पहुँचने के लिए प्रेरणा अद्‌भुत क्षमता रखती है। यह प्रेरणा ही तो है जो हमें विचारशील एवं क्रियाशील बनाए रखने के लिए सदैव उत्साह प्रदान करती है तथा हमारे हाथ में सफलता की कुंजी थमाती है। प्रेरणा लकड़ी के उस तने के समान है, जिसका सहारा पाकर पतली-दुबली नाजुक-सी बेल बढ़ती है।

यदि हम असफल लोगों की लम्बी-चौड़ी फौज से मुकाबला करें तो हमें देखने को मिलेगा कि लाखों लोग इसलिए असफल हुए कि वे कभी प्रेरणादायक एवं उत्साहजनक वातावरण में नहीं रहे, क्योंकि उनकी आकांक्षा कभी नहीं जागी या उनमें इतना बल नहीं था कि वे गिरावट या अनुत्साह पैदा करने वाले दूषित वातावरण के मुकाबले में खड़े रह सकें।

हर महान और सफल व्यक्ति के जीवन में प्रेरणा का कोई-न-कोई स्रोत अवश्य रहा है। यह प्रेरक शक्ति माँ, पिता, भाई, बहिन, प्रेमी, प्रेमिका अथवा

कोई भी हो सकती है। अतः हर व्यक्ति को चाहिए कि वह दूसरों के लिए अभिप्रेरक बने तथा कभी किसी को हतोत्साहित न करे। जीवन में अभिप्रेरित होने का बड़ा महत्त्व है। अगर आपके जीवन में अच्छी कार्य प्रेरित शक्तियाँ होंगी तो आपके व्यक्तित्व का विकास अच्छे ढंग से होगा।

प्रेरणा के वायुमंडल में साँस

जीवन में आप कुछ भी करें, पर इच्छा पैदा करने वाले वातावरण में, अपने को ऊँचा उठाने की प्रेरणा देने वाले वायुमंडल में साँस लेते रहें। आप उनके निकट रहिए जो आपका विश्वास करते हों, आपके सच्चे स्वरूप को पहचानते हों ओर आप को आगे बढ़ने के लिए बढ़ावा देते हों। इससे आप औसत जिन्दगी से उठकर बड़ी सफलता की ओर बढ़ेंगे। आप उन लोगों से चिपटे रहिए जो दुनिया में कुछ करने और कुछ बनने के प्रयास कर रहे हैं, जिनके उद्देश्य ऊँचे है और आकांक्षाएँ बड़ी हैं। इच्छाओं की भी छूत होती है आप वही भावना पकड़ लेंगे जो आपके वातावरण में व्याप्त हैं। आपके चारों ओर जो लोग आगे बढ़ने ऊँचा उठने की कोशिश कर रहे हैं, उनकी सफलता से आपको पहले से भी अधिक कोशिश करने की प्रेरणा मिलेगी।

प्रेरणा की केन्द्र बिन्दु : आकांक्षाएँ

स्वस्थ्य आकांक्षाएँ ही प्रेरणा की केन्द्र बिन्दु हैं। आगे बढ़ने, ऊँचा उड़ने, सफलता प्राप्त करने की आकांक्षा न उठी होती, तो मनुष्य आदिम अवस्था में ही पड़ा रहता। आज की प्रगतिशील अवस्था में पहुँच पाना सम्भव न हो पाता। आकांक्षाओं की प्रेरणा से ही पुरुषार्थ को गतिशील होने का मौका मिला और विकास का मार्ग प्रशस्त हुआ।

नियमित रूप से प्रेरणा प्राप्त करें

प्रेरणा अग्नि के समान है। अगर आप इसमें कोयला डालते न रहेंगे तो यह बुझ जाएगी। जिस प्रकार भोजन और व्यायाम अधिक देर तक नहीं चलते, वैसे ही प्रेरणा भी नहीं चलती।

जिम जिग्लर का कथन है—

जो लोग कहते हैं कि प्रेरणा हमेशा नहीं बनी रह सकती, वे ठीक ही कहते हैं। आखिर हम एक बार नहा कर भी तो हमेशा साफ नहीं रह सकते। इसलिए नियमित रूप से प्रेरणा प्राप्त करने के लिए कहा जाता है।

सफलता में उत्साह की भूमिका

किसी भी कार्य की सफल सम्पन्नता में उत्साह महत्त्वपूर्ण भूमिका निभाता है। उत्साहहीन व्यक्ति किसी भी कार्य को नहीं कर सकता, यहाँ तक कि सोने के पश्चात् प्रातः बिस्तर से उठने के लिए भी उत्साह की जरूरत होती है। यह उत्साह क्या है? समस्त मानवीय चेष्टाओं में सकारात्मक विचारों का समावेश एवं उनका उचित क्रियान्वयन ही उत्साह है। सफलता लगन से ही मिलती है, यह तो कई बार सुना गया है, पर लगन और एकाग्रता उत्साह से ही उत्पन्न होती है।

उत्साही पुरुष हेतु संसार में कुछ भी दुर्लभ नहीं है। उत्साह अत्यन्त बलवान होता है। संत तिरुवेल्लुवर ने कहा है कि—

जिनमें उत्साह नहीं है वे और कुछ नहीं, केवल काठ के पुतले हैं।

'वाल्मीकि रामायण' में कहा गया है—

उत्साह से बढ़कर कोई बल नहीं है। उत्साही पुरुष के लिए जगत् में कोई वस्तु दुर्लभ नहीं है।

उत्साही व्यक्तियों की आभा सदैव उनके मुखमंडल पर दिखाई देती है। वे स्वयं प्रसन्न रहते हैं और अपने साथी को भी प्रसन्न रखते हैं। उत्साही व्यक्तियों का व्यक्तित्व दूसरों के लिए प्रेरणा का काम करता है।

हेनरी फोर्ड ने एक बार कहा था—

जब मैं उत्साही मन से किसी महत्त्वपूर्ण विषय पर वार्तालाप करता हूँ तो मुझे बाहरी दुनिया का बिलकुल ध्यान नहीं रहता और मैं अपने सामने के विषय पर मग्न हो जाता हूँ।

सफलता का ईंधन

हेनरी फोर्ड का कहना है कि—

यदि मुझे समान योग्यता वाले व्यक्तियों में से एक को चुनना पड़े तो मैं उसे चुनूँगा जो ज्यादा उत्साह से काम करेगा क्योंकि मैं जानता हूँ, वह दूसरे आदमियों से आगे बढ़ जाएगा। इसका कारण यह है कि उत्साह आत्मप्रकाशित शक्ति है और यह हाथ में लिये हुए किसी भी कार्य के ऊपर व्यक्ति की पूरी शक्ति लगाने में सहायता करता है। इसके अतिरिक्त उत्साह संक्रामक होता है और यह अपने आसपास के लोगों को प्रभावित कर उनमें भी उत्साह को पैदा करता है। नॉर्मल विंसेंट पील ने तो उत्साह को सफलता का ईंधन कहा है।

हेनरी फोर्ड का कथन है कि—

अगर आप में उत्साह है, तो आप कुछ भी कर सकते हैं, यह है तो सफलता है, यह नहीं तो सिर्फ बहाने हैं।

आज से लगभग तीस वर्ष पहले स्टील के कारखाने में कार्यरत एक व्यक्ति का वेतन दस लाख डॉलर वार्षिक था। किसी ने उससे पूछा कि क्या उसे स्टील बनाने की विशेष योग्यता के कारण इतना अधिक वेतन मिलता है? उसने उत्तर दिया कि लोगों का उत्साह बढ़ाना ही मेरी सबसे बड़ी पूँजी है और किसी व्यक्ति की क्षमता को पूरी तरह विकसित करने का तरीका प्रोत्साहन

और प्रशंसा है। उत्साह एक तरह की आदत है! इसे अपनाया जा सकता है और इसका नियमित अभ्यास कर सकते हैं। केवल एक डिग्री सेंटीग्रेट के फर्क से पानी भाप बन जाता है और भाप बड़े-बड़े इंजन खींच सकती है। उत्साह हमारी जिन्दगी में सफलता के लिए वही काम करता है।

इसीलिए किसी शायर ने ठीक ही कहा है—

जिन्दगी जिन्दादिली का नाम है
मुर्दा दिल क्या खाक जिया करते है।

कई लोग 'मन नहीं लगता', 'समय नहीं कटता', 'कोई काम ही नहीं' को अपने शब्दकोश में स्थान दे देते हैं। ऐसे लोग समय बीतने के साथ-साथ उत्साहहीन हो जाते हैं।

जीवन में उत्साह की जरूरत रोजमर्रा की जिन्दगी में आसानी से देखी जा सकती है। अचानक किसी कार्य को करने की इच्छा प्रबल होती है तो आप मिनटों में पूरी तत्परता से पूरा करते हैं, वहीं उत्साहहीनता के कारण कई बार सभी प्रकार के संसाधन होते हुए भी काम नहीं होता।

आइजैक रिच अपने गाँव से केपकोड, अमेरिका से जब निकला तो उसकी जेब में मात्र चार डॉलर थे। वह बोस्टन पहुँचा और पूरे उत्साह से जीवन संघर्ष में जुट गया। यही आईजैक रिच बोस्टन विश्वविद्यालय के संस्थापकों में से एक था।

यह उत्साह ही है जो प्रत्येक समस्या के सामने एक चुनौती बनकर खड़ा हो जाता है तथा उन समस्याओं का यथासम्भव निराकरण करने का सार्थक प्रयास करता है।

12

ज्ञान की पूँजी में विनियोग कीजिए

जीवन में सफलता के उच्चतम शिखर पर पहुँचने के लिए पुस्तकों का साथ होना आवश्यक है, अनिवार्य है क्योंकि विश्व का जितना भी ज्ञान है, सब पुस्तकों में निहित है। पुस्तकों से ही हमें जीवन का मार्ग दर्शन, प्रकाश स्रोत मिलता है। जीवन में आने वाली विपत्तियों-असफलताओं में डूबते-उतरते मनुष्यों के लिए पुस्तकें उस प्रकाश स्तम्भ की तरह सहायक होती हैं, जैसे समुद्र में चलने वाले जहाजों के मार्ग दिखाने वाला प्रकाश स्तम्भ।

किसी भी क्षेत्र में सफलता के लिए ज्ञान का होना आवश्यक है। ज्ञान से बढ़कर और कोई श्रेष्ठ पदार्थ नहीं है। ज्ञान को ही पारसमणि कहा गया है। लोहा पारस को छूकर सोना बन जाता है या नहीं, पारस कहीं है या नहीं—ये बातें संदिग्ध हैं। पर ज्ञानरूपी पारस का स्पर्श कर साधारण व्यक्ति भी असाधारण बन ऊँचे से ऊँचे स्थान पर पहुँचे हैं, यह निर्विवाद सत्य है।

पुस्तकें ज्ञान प्राप्ति का सबसे बड़ा स्रोत हैं। निरन्तर अध्ययन से हमारे ज्ञान की पूँजी बढ़ती जाती है और यह पूँजी वह पूँजी है जो कभी खत्म नहीं होती। उसका इन्वेस्टमेंट बदले में हमें न केवल धन देता है, बल्कि साथ में देता है—सफलता, आत्मविश्वास और आत्मनिर्भरता।

ज्ञान का भंडार है—पुस्तकें। इसलिए कहा जाता है कि दुनिया पर केवल पुस्तकों का ही शासन है।

पुस्तकों द्वारा हम विश्व के प्रत्येक पदार्थ, प्रत्येक विषय एवं उससे सम्बन्धित प्रत्येक घटना तथा वस्तु से सम्बन्धित ज्ञान प्राप्त कर सकते हैं। पुस्तकें हमारे लिए कितनी उपयोगी हैं, इस सम्बन्ध में कवीन्द्र - रवीन्द्र की वाणी हृदयगम करने योग्य है—

नेत्रों के सम्मुख जो वस्तु पड़ी है, उसे जानने के लिए भी हमें पुस्तकों का मुँह ताकना पड़ता है। पुस्तकें ज्ञान प्रदान करने के अतिरिक्त एक सच्चे हितैषी मित्र की भाँति हमें धैर्य बंधाती हैं, साहस प्रदान करती हैं, आशा एवं स्फूर्ति का संचार कर जीवन को आनन्दमय बनाने में मददगार होती हैं।

किसी ने ठीक ही कहा है—

जानकारी की भूख मिटाती हैं किताबें
कुतूहल की प्यास जगाती हैं किताबें
सफलता पा सकें अपने जीवन में
हमें इस काबिल बनाती हैं किताबें।

मिल्टन ने कहा है—

अच्छी पुस्तक एक महान आत्मा का जीवन रक्त है।

क्योंकि उसमें उसके जीवन का विचार-सार सन्निहित होता है। व्यक्ति मर जाते हैं, लेकिन ग्रंथों में उनकी आत्मा का निवास होता है। ग्रंथ सजीव होते हैं, इसलिए मिल्टन ने कहा है कि ग्रंथों में आत्मा होती है, सद्ग्रंथों का कभी नाश नहीं होता।

एक अरब विद्वान के अनुसार—

पुस्तक जेब में रखा हुआ बाग है, जो हमारे मन को सुवासित और प्रफुल्लित रखता है।

पुस्तकों के सतत् साहचर्य द्वारा प्राप्त आनन्द प्रायः अवर्णनीय होता है—वे गूंगे का गुड़ हैं। जिन लोगों को पुस्तकें पढ़ने का आनन्द प्राप्त होता है, वे संसार के अन्य सुखों को भुला देते हैं, क्योंकि यह सुख और आनन्द स्थायी होता है।

वॉल्ट डिजनी का कथन है—

किताबों में इतना खजाना छिपा होता है, जितना कोई लुटेरा कभी भी नहीं लूट सकता।

मन को एकाग्र और संयमित करने का साधन

मन को एकाग्र करने, संयमित करने का सबसे बड़ा साधन पुस्तकें हैं। अध्ययन करते समय मनुष्य एक तरह से समाधि अवस्था को प्राप्त कर सकता है। एक बार लोकमान्य तिलक का ऑपरेशन होना था। इसके लिए उन्हें क्लोरोफार्म सुंघा कर बेहोश करना था, लेकिन इसके लिए उन्होंने डॉक्टरों को मना कर दिया और कहा, "मुझे एक 'गीता' की पुस्तक ला दो। मैं उसे पढ़ता रहूँगा और आप ऑपरेशन कर लेना।" पुस्तक लाई गई। लोकमान्य तिलक उसके अध्ययन में ऐसे लीन हुए कि डॉक्टरों ने आपरेशन किया तब वे हिले भी नहीं, न कोई कष्ट अनुभव किया। पुस्तकों के अध्ययन से ऐसी तल्लीनता प्राप्त हो जाती है, जैसी अन्य साधनों से प्राप्त नहीं हो सकती।"

लोकमान्य तिलक ने कहा है—

मैं नरक में भी उत्तम पुस्तकों का स्वागत करूँगा, क्योंकि इनमें वह शक्ति है कि जहाँ ये रहेंगीं, वहाँ अपने आप स्वर्ग बन जाएगा। उत्तम पुस्तकों का सान्निध्य मनुष्य की बुद्धि को जहाँ मिलता है, वहाँ उसे स्वर्गिक अनुभूति होने लगती है।

सच्चे, नि:स्वार्थ और उपयोगी मित्र

आज के युग में सच्चे, नि:स्वार्थी मित्र मिलना कठिन है। इस बारे में हममें से बहुतों को निराश होना पड़ता है, लेकिन अच्छी पुस्तकें सहज में ही हमारी मित्र बन जाती हैं। वे हमें सही मार्ग दिखाती हैं और जीवन पथ पर सफलता दिलाने में हमारी मददगार होती हैं।

महात्मा गांधी ने कहा है—

पुस्तकों का मूल्य रत्नों से भी अधिक है क्योंकि रत्न बाहरी चमक-दमक दिखाते हैं, जबकि पुस्तकें अन्त:करण को उज्ज्वल करती हैं। अच्छी पुस्तकें पास होने से हमें भले मित्रों के साथ न रहने की कमी नहीं खटकती।

लांगफेलो का भी कथन है कि—

अच्छी पुस्तकों जैसा कोई मित्र नहीं है।

पोप का कथन है—

मेरे बहुत-से मित्र हैं और मैं उन्हें बहुत चाहता हूँ, मगर अच्छी किताबों के पढ़ने को मैं उनसे भी ज्यादा चाहता हूँ।

जापान की प्रगति का राज

जापान के लोगों की स्वाध्याय वृत्ति के कारण ही जापान ने आशातीत उन्नति की है। एशिया के विकसित देशों में उसका प्रथम स्थान है। एक बार प्रसिद्ध विद्वान डॉ. एस.आर. रंगनाथन जापान की यात्रा पर गए। वहाँ के शहर ओसाका में उन्होंने एक स्थान पर कतार में खड़े लोगों को पुस्तकें पढ़ते देखा तो उन्हें बड़ा आश्चर्य हुआ। उन्होंने वहाँ जाकर पता लगाया तो विदित हुआ कि यह एक पुस्तकालय है। यहाँ प्रतिदिन बड़ी संख्या में लोग पुस्तकें पढ़ने आते हैं। पुस्तकालय तीस वर्ष पहले बना था। उस समय कम संख्या में लोगों के आने का अनुमान था। अत: उसी अनुमान के हिसाब से जगह की व्यवस्था की गई थी। अब लोग अधिक आने लगे हैं, इसलिए सीटें आरक्षित कर दी गई हैं। जिनका नम्बर नहीं आता, वे अपने अध्ययन की आकांक्षा को शान्त करने के लिए बाहर खड़े पढ़ते हैं।

जापान के शाही भवन के तोरण द्वार पर अंकित ये शब्द अत्यन्त महत्त्वपूर्ण हैं—

सरस्वती से श्रेष्ठतर कोई वैद्य नहीं और उसकी साधना से बढ़कर कोई औषधि नहीं।

मस्तिष्क की गतिविधि सुचारू रहना

पुस्तकें पढ़ने से दिमाग की गतिविधि सुचारू ढंग से संचालित होती है—यह निष्कर्ष है ब्रिटिश यूनिवर्सिटी द्वारा किए गए एक शोध का। इसके अतिरिक्त एक अन्य शोध में पाया गया कि अध्ययन-अध्यापन में जुटे लोगों में एंग्जाइटी, डिप्रेशन और स्ट्रेस जैसी सामान्य समस्याएँ नहीं पाई जाती हैं।

किताबें पढ़ने और ऐसी ही दूसरी गतिविधियों को जीवनशैली का हिस्सा बनाने से दिमाग समय से पहले बूढ़ा नहीं होता। इसके विपरीत इस प्रकार की गतिविधियों से जो दूरी बनाते हैं, उनके सोच का स्तर कम होने के साथ वे कई तरह के अवसादों से घिरे रहते हैं और ऐसे लोगों की जीवन की सफलता भी संदिग्ध हो जाती है।

सोचने-समझने और निर्णय क्षमता का विकास

पुस्तकें किसी भी रचनाकार के जीवन अनुभवों का निचोड़ होती हैं। हम सभी के पास अपनी-अपनी जिन्दगियाँ हैं, जिसे हम जी रहे हैं। पुस्तक के जरिए हम न जाने कितनी जिन्दगियाँ जी लेते हैं और अपने को न जाने कितने अनुभवों से समृद्ध कर लेते हैं।

जॉर्ज मार्टिन द्वारा लिखित ये पंक्तियाँ प्रसिद्ध हैं—

पुस्तकें पढ़ने वाला मरने के पहले हजारों जिन्दगियाँ जी लेता है और जो पढ़ता नहीं वह केवल एक बार ही जीता है।

आपको महापुरुषों और सफलता के शिखर पर पहुँचे व्यक्तियों की आत्मकथाओं और जीवनियों को अवश्य पढ़ना चाहिए। ये आपको न केवल

रोचक लगेंगी, बल्कि उस व्यक्ति, उसके समय और उस समाज के बारे में आप की जानकारी बढ़ाएँगी। इससे आपके निर्णय लेने की क्षमता का विकास होगा।

किताबें पढ़ो - ज्यादा जियो

जिन लोगों की रुचि किताबें पढ़ने में नहीं होती, उनके मुकाबले उनकी औसत आयु दो वर्ष अधिक होती है जिनकी रुचि किताबें पढ़ने में होती है। यह निष्कर्ष है अमेरिका के येल विश्वविद्यालय में हुए एक शोध का। शोधकर्ताओं ने पचास वर्ष से अधिक आयु के 3,635 लोगों का 12 वर्ष तक अवलोकन किया। अपने अध्ययन में शामिल लोगों को तीन वर्गों में बाँटा। पहला वर्ग उनका था जो बिलकुल ही किताबें नहीं पढ़ते थे। दूसरे वर्ग में उन लोगों को शामिल किया जो सप्ताह में लगभग साढ़े तीन घंटे तक पढ़ते थे और तीसरा वर्ग उन लोगों का था जो सप्ताह में साढ़े तीन घंटे से अधिक समय तक पढ़ते थे। शोध से यह बात भी सामने आई कि पहले वर्ग की तुलना में दूसरे वर्ग के लोगों में असमय मृत्यु की आशंका 17 प्रतिशम कम थी, वहीं तीसरे वर्ग के लिए यह कमी 23 प्रतिशत थी।

जेल नहीं, किताब पढ़ने की सजा

ईरान का गोन्वाद-ए-काबुस शहर की अदालत के न्यायाधीश कासीम नकीजादेह किसी को अपराध में दोषी पाए जाने पर जेल की सजा नहीं सुनाते। उसे सजा के तौर पर पाँच किताबें खरीदने एवं उन्हें पढ़ने के लिए कहा जाता है।

न्यायाधीश का मानना है कि किताबें अपराधी को अच्छे मार्ग पर चलने में मदद करती हैं, जबकि जेल की सजा सुनाने से कई बार दोषी परिवारों पर बुरा मनोवैज्ञानिक प्रभाव पड़ता है। इसे टालने के लिए उन्होंने यह वैकल्पिक रास्ता अपनाया है। यह 'सजा' आध्यात्मिक भी है और शिक्षाप्रद भी। ईरान में हाल में ही नया कानून पारित किया गया है, जिसमें जजों को यह छूट दी गई है कि वे कुछ मामलों में वैकल्पिक का प्रावधान चुन सकते हैं।

किताबें इनसान को नई सोच और विचार देती हैं, जिससे इनसान को अच्छा जीवन जीने में मदद मिलती है। जिन्दगी को हर पहलू से हम अपने जीवन में

नहीं जी सकते, लेकिन किताबों के माध्यम से हम उन पहलुओं को गहराई से जान सकते हैं और उन्हें महसूस कर सकते हैं। इससे ज्ञान का दायरा बढ़ता है, सोच सकारात्मक बनती है और हम व्यापक स्तर पर मूल्यांकन करने में सक्षम होते हैं। इसलिए यदि आप जीवन को सुखी और सफल बनाना चाहते हैं तो रोज पढ़ने की आदत डालिए।

> *ज्ञान वह सबसे शक्तिशाली हथियार है जिससे आप पूरी दुनिया बदल सकते हैं।*
>
> **—नेल्सन मंडेला**

13

सकारात्मक सोच रखिए

जीवन के किसी भी क्षेत्र में आगे बढ़ने और सफलता पाने के लिए आवश्यकता होती है सकारात्मक सोच की। सकारात्मक सोच हमें न केवल मानसिक रूप से सबल बनाती है बल्कि शारीरिक रूप से स्वस्थ एवं उत्साही बनाती है। सकारात्मक सोच पैदा होती है सकारात्मक विचारों के पठन-पाठन से और सकारात्मक नजरिया रखने वालों के सम्पर्क में रहने से। सकारात्मक विचार, नकारात्मक सोच विषाद भरे मन में आशा और विश्वास की लौ प्रज्वलित कर देते हैं। यदि जीवन में ऊँचाईयों को पाना है तो सकारात्मक सोच को आत्मसात् करना होगा,।

सकारात्मक नजरिया रखने वाला व्यक्ति हर मौसम में फलने वाले फल के समान होता है जिसका हमेशा स्वागत किया जाता है।

सकारात्मक सोच—एक अनूठा मंत्र

सफल जीवन जीने का मूल मंत्र है—सकारात्मक सोच। यह एक अनूठा ऐसा मंत्र है जिससे व्यक्ति की सभी समस्याओं का निराकरण हो सकता है। यह सुख, मानसिक शान्ति और तनाव मुक्ति की एक तरह से कीमिया दवा है। सकारात्मक सोच का अभाव ही असफलता का मूल कारण है।

यदि आपकी सोच सकारात्मक है तो अपने जीवन में सकारात्मक शक्तियों को सक्रिय कर सकेंगे, जिससे आपको सकारात्मक परिणाम मिलने लगेंगे। सकारात्मक विचार आपके आसपास ऐसे वातावरण बना देते हैं जिससे अनुकूल परिस्थितियाँ निर्मित होने लगती हैं, जो आपके जीवन को सफल

बनाने में अहम भूमिका निभाती हैं। इसलिए सकारात्मक सोच सफलता का आधार स्तम्भ माना जाता है।

सफलता की बुनियाद - नजरिया

जिस प्रकार मजबूत भवन के लिए मजबूत नींव की आवश्यकता होती है, ठीक उसी प्रकार सफलता के शिखर के लिए भी एक मजबूत नींव की आवश्यकता होती है और वह है—आपका नजरिया। इसीलिए कहा गया है—

हर शिखर को नींव पर विश्वास होता है
क्योंकि हर नींव शिखर का इतिहास होता है।

हॉर्वर्ड यूनिवर्सिटी द्वारा किए गए एक अध्ययन से यह तथ्य सामने आया है कि जब कोई व्यक्ति सफलता पाता है तो 85 प्रतिशत हिस्सेदारी उसके सकारात्मक नजरिए की होती है और बाकी के 15 प्रतिशत में उस व्यक्ति का ज्ञान और स्मार्टनेस शामिल होती है।

मस्तिष्क की रचना में बदलाव

पहले यह माना जाता था कि किसी के मस्तिष्क की जन्मजात रचना को बदला नहीं जा सकता। अब यह पाया गया है कि आदमी की सोच उसके मस्तिष्क की रचना में भी बदलाव ला सकती है। सकारात्मक सोच से मस्तिष्क के आगे के हिस्से में सकारात्मक बदलाव आता है जो सारे दिमाग व मन के कार्यों का समन्वय का केन्द्र है। मानव व्यवहार का अध्ययन करनेवालों ने पाया कि आशावादी लोगों का मूड अच्छा रहता है और वे ज्यादा सफल भी होते हैं।

जीवनदायिनी शक्ति

मानव जीवन में विचार शक्ति का महत्त्वपूर्ण स्थान है। यही शक्ति मनुष्य में नवजीवन एवं नवचेतना का संचार करती है। विचार शून्य व्यक्ति मृतप्रायः हो जाता है।

विचार मनुष्य का प्राण है, जीवनदायनी शक्ति है। यदि विचार न हों तो मनुष्य पशुतुल्य है। वस्तुतः हाड़-मांस के पुतले में जो जादू भरा है, वह 'विचार शक्ति' ही है।

प्रसिद्ध विद्वान इमर्सन ने कहा है कि—

विचार से अधिक ठोस वस्तु ब्रह्मांड में नहीं है।

पुस्तक *सीट ऑफ द सील* में गैरी जुकाव ने लिखा है कि सकारात्मक सोच शक्ति को बढ़ाती है, नकारात्मक सोच शक्ति को कम करती है।

मिट्टी छूने से सोना बन जाती है

हम कितनी बार लोगों को किसी व्यक्ति विशेष के बारे में ऐसा कहते सुनते हैं कि- वह जिस काम में हाथ डालता है, उसमें सफल हो जाता है अथवा वह तो मिट्टी को छू लेता है तो वह सोना बन जाती है। ऐसा क्यों—क्योंकि उस व्यक्ति का सोच सकारात्मक रहता है। वह अपने कार्यों में हमेशा सफलता की कामना करता रहता है और इसी कल्पना और दृढ़ विश्वास की शक्ति से वह चुम्बक की तरह सफलता को अपनी ओर खींच लेता है।

सकारात्मक सोच : अमृत तुल्य

सकारात्मक सोच में बड़ी विलक्षण शक्ति है। आप जरा इसका अनुभव करके देखें। आप सोच लीजिए कि जो कुछ होगा, आपकी भलाई के लिए होगा तो आप देखेंगे कि इस आशामय सोच का आपकी मानसिक, शारीरिक अथवा सांसारिक प्रगति पर ही अनुपम प्रभाव पड़ रहा हैं। यदि यह सोच आदत का रूप धारण कर ले तो आप अपनी सफलता को जितनी आशा करें, वह अवश्य ही पूरी होगी।

सकारात्मक सोच मानव के लिए अमृततुल्य है। जिस प्रकार वनस्पति को सूर्य से जीवन प्राप्त होता है, उसी प्रकार सकारात्मक सोच से आप में जीवन संचारित होता है। आपके मन रूपी सूर्य का विकास होता है

और इससे मानसिक शक्तियाँ विकसित होती हैं, जोकि सफलता का मूल आधार हैं।

सकारात्मक सोच—फलदायी परिणाम

जूते बनाने वाली एक सुप्रसिद्ध भारतीय कम्पनी ने एक बार अफ्रीका में जूतों की विक्रय की सम्भावनाओं का पता लगाने के लिए एक दल भेजा, जिसने कुछ दिन वहाँ रह कर बाजार का सर्वे किया ओर वहाँ से लौटकर अपनी रिपोर्ट प्रस्तुत की, जिसमें बताया गया कि चूँकि अफ्रीका में लोग जूते पहनते ही नहीं है। केवल कुछ ही लोग चप्पल पहनते हैं। अतः वहाँ जूतों को कोई बाजार होना या विक्रय की कोई सम्भावना नहीं है। कम्पनी के डायरेक्टर्स इस रिपोर्ट से सहमत नहीं थे। अतः उन्होंने दूसरा दल भेजा। दूसरा दल या टीम वहाँ से बड़े उत्साह से लौटी और उसने अपनी रिपोर्ट में बताया कि अफ्रीका में जूतों के मार्केट की प्रबल सम्भावनाएँ मौजूद हैं, क्योंकि वहाँ लोग जूते नहीं पहनते, लेकिन जूते उपलब्ध कराने पर उनकी आदतों में परिवर्तन होगा। इससे जूतों की माँग बढ़ेगी। अतः जूतों की बिक्री होने की पूरी-पूरी सम्भावनाएँ हैं।

इस उदाहरण से स्पष्ट होता है कि पहली टीम की सोच नकारात्मक थी। अतः उसका परिणाम भी नकारात्मक रहा, जबकि दूसरी टीम का सोच सकारात्मक थी तद्नुसार उसका परिणाम भी फलदायक रहा।

सकारात्मकता की एक तस्वीर

सकारात्मक विचारों का उदाहरण हम इस प्रकार देख सकते हैं कि एक व्यक्ति ने अपने घर में एक तस्वीर लगा रखी थी, जिसमें एक कश्ती तूफानी समुद्र में लगभग डूब रही थी और उसमें केवल एक ही व्यक्ति था, जो अपनी कश्ती को डूबने से बचाने की कोशिश कर रहा था, मगर उस कश्ती को छोड़कर कूद नहीं रहा था। उस तस्वीर को देखकर किसी व्यक्ति ने उससे पूछा कि क्या आप निराशावादी हैं? आपकी सोच नकारात्मक है जो एक डूबती हुई कश्ती की तस्वीर अपने घर में लगा रखी है? उस व्यक्ति ने कहा, "नहीं, मेरी सोच सकारात्मक हैं। आप उस तस्वीर में यह तो देख रहे है कि कश्ती

तूफान में डूब रही है, लेकिन आप यह नहीं देख रहे कि वह व्यक्ति अपनी भरपूर कोशिशों से उस कश्ती को बचाने में लगा है। वह तूफान से लड़ रहा है, लेकिन हार नहीं मान रहा है। वह अकेला है, मगर उसे आशा है कि वह तूफान से बच जाएगा।" इस प्रकार हमें भी सफलता के लिए अपने विचारों को आशावादी और सकारात्मक बनाए रखना चाहिए।

किसी ने सटीक कहा है—

कश्ती हदे तूफां से निकल सकती है
बात बिगड़ी हुई फिर बन सकती है
हौसला रख अपने इरादे न बदल
तकदीर किसी रोज भी बदल सकती है।

सकारात्मक सोच और आभार

एक गुरु अपने शिष्य के साथ लम्बी तीर्थयात्रा करने के पश्चात् अपनी कुटिया की ओर जा रहे थे। संध्या का समय था। दोनों ही जब अपनी कुटिया के निकट पहुँचे तो उन्होंने कुटिया को आधी उजड़ी स्थिति में देखा। वर्षा ऋतु की आँधी-तूफान ने आधी कुटिया को उड़ा दिया था और आधी यथावत् थी। यह दृश्य देखकर शिष्य एकदम क्रोधित हो गया और उत्तेजना भरे स्वर में बोला—गुरुदेव, इन्हीं बातों से तो मुझे भगवान पर शक हो जाता है। जो दुर्जन हैं, उनके मकान तो सुरक्षित हैं। हम जो दिन-रात प्रभु स्मरण में बिताते हैं, फिर भी भगवान हमारे छप्पर का भी खयाल नहीं रखते।"

यह सुनकर गुरु ने आनन्दित होकर कहा, "वत्स मैं तो परमात्मा के प्रति आभार प्रकट करता हूँ, धन्यवाद देता हूँ कि उसने हमारी बहुत रक्षा की क्योंकि आँधी-तूफान का क्या भरोसा था? वह तो पूरा छप्पर ही उड़ाकर ले जा सकता था, परन्तु यह उस परमात्मा की कृपा थी कि उसने हम पर इतनी दया की और झोंपड़े को इस हालत में रखा कि थोड़ी-सी मेहनत से उसका पुनर्निर्माण किया जा सकता है।"

इस उदाहरण से स्पष्ट है कि सकारात्मक सोच किस प्रकार क्रोध को शान्त कर देती है और परेशानी को भुला देती है।

किसी ने ठीक ही कहा है—

जो हो गया उसे सोचा नहीं करते
जो मिल गया उसे खोया नहीं करते
हासिल होती है उन्हीं को जिन्दगी में सफलता
जो वक्त और हालात पर रोया नहीं करते।

निराशावाद—एक भयानक राक्षस

सकारात्मक सोच रखने वाले लोगों को लेकर किए अध्ययन में पाया गया कि ऐसे लोग न केवल अपने उद्देश्य में सफल होते हैं, बल्कि अपनी जिन्दगी एक बेहतर अन्दाज में जीते हैं। यह भी देखा गया है कि जीवन को हमेशा आशावादी नजरिए से देखने वाले लोगों में कभी नकारात्मकता नहीं आती और उनकी तन्दुरुस्ती भी अच्छी रहती है।

विचारक स्वेट मार्डेन का कहना है—

> *निराशावाद एक भयंकर राक्षस है, जो हमारे नाश की ताक में बैठा रहता है। निराशावादी आगे बढ़ने और प्रगति की भावना को त्याग कर देते हैं। यदि उन्हें कुछ करने का खयाल आता भी है, तो विपत्तियों का पहाड़ उन्हें पहले से ही दिखाई देने लगता है। कार्य प्रारम्भ नहीं हुआ कि चिन्ताओं के बादल मंडराने लगते हैं। ऐसे निराशावादी लोगों में जोखिम उठाकर आगे बढ़ने और मंजिल तक पहुँचने की इच्छा शक्ति समाप्त हो जाती है। इसलिए कामयाबी उनसे कोसों दूर रहती है।*

किसी ने ठीक ही कहा है—

नकारात्मक सोच से बात बिलकुल बनती नहीं
बिना जोखिम के बड़ी कामयाबी कभी मिलती नहीं
जोखिम उठाने की तैयारी जितनी होगी
मंजिल से दूरी उतनी ही कम होगी।

नकारात्मक दृष्टिकोण वाले लोग जीवन के सकारात्मक पक्ष को अक्सर नजर अन्दाज करते हैं। छोटे-छोटे मामलों में भी वे बुरा पहलू सोच लेते हैं।

ऐसी सोच के कारण ही व्यक्ति जीवन में नई सम्भावनाओं की ओर नहीं बढ़ पाते। जीवन में जो कुछ पाने की योग्यता रखते हैं, उससे कम में ही सन्तोष कर लेते हैं और बुलन्दियों की दौड़ में पिछड़ जाते हैं।

नकारात्मक भावनाएँ सफलता और खुशी की सबसे बड़ी दुश्मन हैं। नकारात्मक भावनाएँ आपको ऊपर उठने नहीं देती, आपको थका डालती हैं। मानव को नकारात्मक भावनाओं ने जितना नुकसान पहुँचाया है, उतना सभी महामारियों ने मिलकर भी नहीं पहुँचाया होगा।

निराशा के कीटाणुओं को अपने से दूर रखो

निराशा के कीटाणु प्लेग के कीटाणुओं की तरह होते हैं। ये संक्रामक होते हैं। उन लोगों से मेलजोल रखना खतरनाक है, जो जीवन में असफल रहे हों। उनकी बातें सुनते-सुनते आपका दिमाग भी नकारात्मक हो जाएगा और उन्नति के बजाय अवनति के रास्ते पर चलना शुरू कर देगा क्योंकि निराश व्यक्ति न केवल अपना बल्कि अपने आसपास के व्यक्तियों का भी मानसिक स्तर गिरा देता है। उसे दुनिया की सारी सूचनाओं और घटनाओं में केवल निराशा दिखती है।

फलस्वरूप, वह उसी प्रकार की सूचना दूसरे लोगों को देता है जिससे अन्य लोगों में भी निराशा की प्रवृत्ति उत्पन्न होती हो। उदास रहना, परिवारजनों, रिश्तेदारों, समाज, देश यहाँ तक कि पूरे संसार को कोसते रहना उसका स्वभाव बन जाता है। उसे संसार में हर व्यक्ति शत्रु या स्वार्थी दिखाई देता है।

जो लोग जीवन में असफल रहे हैं, दुखी जीवन जी रहे हैं, वे यह नहीं चाहते कि आप सफलता प्राप्त करें, सुखी रहें। वे चाहते हैं कि आप भी असफल रहें, दुखी रहें। इससे उन्हें अपने बारे में कोई शिकायत नहीं होगी। असफलता में असफल और दुःख में दुखी संगी-साथी अच्छे लगते हैं। नकारात्मक सोच वाले आपके सहयोगी चाहते हैं कि उन्हीं की तरह आपकी सोच भी नकारात्मक हो।

आशावादी या सकारात्मक सोच रखने वाले को खुशी है कि जिन्दगी कितनी दिलचस्प और मजेदार है, लेकिन निराशावादी को अफसोस है कि एक दिन मरना पड़ेगा। आशावादी को अच्छा लग रहा है कि बादल छँट गए हैं

और धूप निकल आई, लेकिन निराशावादी को आज गर्मी रहेगी, इसकी चिन्ता सताने लगेगी। पदोन्नति होने पर निराशावादी सोचता है कि अब जिम्मेदारियों का बोझ बढ़ गया है, और न होने पर तो वह पक्षपात और भाई भतीजावाद को कोसता है। पत्नी कुरूप है तो वह दुखी है, सुरूप है तो उसे कई तरह के डर सताए रहते हैं।

अतः आपको निराशावादी व्यक्ति की संगति से दूरी बना कर रखना चाहिए ताकि निराशा के संक्रामक रोगों से बच सकें।

सकारात्मक सोच वालों से जुड़ें

एक जैसे पंख वाले पक्षी इकट्ठे उड़ते हैं। यह मानवीय स्वभाव का एक पुराना नियम है, पर हमेशा सही है। इसलिए अगर आप सुख और आनन्द से सफल जीवन व्यतीत करना चाहते हैं, तो ऐसे लोगों के साथ जुड़ें, जिनकी सोच सकारात्मक हो। जिस तरह के लोगों के सांथ हम हर दिन उठते-बैठते हैं, देर-सवेर उन्हीं की तरह बन जाते हैं। मनुष्य की सोच में वह ताकत है कि वह स्वर्ग को नर्क और नर्क को स्वर्ग में बदल सकती है। एक विद्वान के अनुसार—

> *कुछ लोग हमेशा शिकायत करते हैं गुलाब में काँटे के होने की,*
> *और मैं हमेशा धन्यवाद देता हूँ काँटों के बीच गुलाब होने का।*

कितना खुशनुमा नजरिया है, जो जिन्दगी को सुखद व सकारात्मक ढंग से जीने की प्रेरणा देता है। तो अपनाइए ऐसी आशावादी सोच, जो आपको सम्बल प्रदान करेगी, मुश्किलों का मुकाबला करने का।

मैं कर दिखाऊँगा

"मुझे विश्वास है कि मैं यह कार्य कर सकता हूँ," ऐसा सोच सकारात्मकता की द्योतक है, जो हमें शक्ति, योग्यता और ऊर्जा देती है। हम देखते हैं कि लोग सफलता की चोटी पर पहुँचने का इरादा तो रखते हैं, परन्तु उनमें से

अधिकांश लोगों को यह विश्वास ही नहीं होता कि वे कभी चोटी पर पहुँच पाएँगे और इसी नाकाम इरादे के कारण चोटी पर नहीं पहुँच पाते। अगर आप यह मान लेते हैं कि चोटी पर पहुँचना असम्भव है तो उन सीढ़ियों को नहीं ढूँढ़ पाएँगे, जिनकी मदद से आप चोटी पर पहुँच सकते थे। ऐसे लोग जीवन भर औसत दर्जे के आदमियों की तरह जीते हैं, लेकिन जिन्हें विश्वास है यानी जिनकी सोच सकारात्मक है कि वे सफल होंगे और अपने काम के प्रति 'मैं करके दिखाऊँगा' वाला रवैया रखते हैं, वे निश्चय ही इसी विश्वास के सहारे एक दिन मंजिल की ऊँचाइयाँ छू लेते हैं।

किसी ने ठीक ही कहा है—

हर मील के पत्थर पर लिख दो ये पैगाम
नाकाम इरादों से मंजिल नहीं मिलती!

14

सफलता का मौन संगीत—मुस्कराहट

मुस्कराहट वह चीज है जो आपसे लेती कुछ नहीं है, पर देती बहुत कुछ है। इसके लिए एक पैसा भी खर्च करने की आवश्यकता नहीं है, किन्तु यह पैदा बहुत करती है। इसे पाने वाले निहाल हो जाते हैं, पर देने वाले कभी दरिद्र नहीं होते। यह एक क्षण में उत्पन्न होती है, पर इसकी स्मृति सदैव कायम रहती है। आपके संस्थान में कोई व्यक्ति आया और आपने मधुर मुस्कान के साथ उसका स्वागत किया, तो वह सारी थकावट भूल जाएगा। उसके मुख पर भी मुस्कराहट दौड़ जाएगी। वह मीठी मुस्कान बोल पड़ेगी—आपके लिए भी इस दिल में स्थान सुरक्षित है। इसलिए—

फूलों की तरह मुस्कुराते रहिए
भँवरों की तरह गुनगुनाते रहिए।
चुपचाप रहने से रिश्ते भी उदास हो जाते हैं
कुछ उनकी सुनिए, कुछ अपनी सुनाते रहिए
भूल जाइए, शिकवे-शिकायतों के पलों को
और मुस्कुराहट के मोती लुटाते रहिए।

मुस्कान के राजमार्ग पर आगे बढ़िये। विनम्रता का जीवन अपनाइये। प्रत्येक कार्य को लगन और उत्साह से कर सफलता का वरण कीजिए।

जीवन की खूबसूरत तस्वीर

जिन्दगी एक कैमरा है। इसके सामने हमेशा मुस्कुराते रहो, तभी जीवन की खूबसूरत तस्वीर निकल कर सामने आएगी। जीवन में उतार-चढ़ाव आते

रहते हैं। हर परिस्थिति को जिसने भी मुस्कुरा के जी लिया, जीवन उन्हीं का सफल और सार्थक है। इसके विपरीत, जो जीवन को केवल काँटों का बिछौना समझ कर, रो-रो कर गुजारते हैं, उनके लिए जीवन बोझ बन जाता है। उनकी जिन्दगी नीरस रहती है। वास्तव में ऐसे लोगों को जीने का ढंग ही नहीं आता। ऐसे लोगों को हमेशा असफलता का मुँह देखना पड़ता है। महात्मा गांधी ने एक बार कहा था कि यदि मैंने मुस्कुराना न सीखा होता तो कभी की आत्महत्या कर ली होती।

जो लोग मुस्कराना नहीं जानते, उन्हें कई परेशानियों का सामना करना पड़ता है। अभी कुछ समय पहले एक खबर पढ़ी थी कि कनाडा की इमीग्रेशन अथॉरटीज ने वहाँ कि नागरिकता ले चुके एक भारतीय की पत्नी को सिर्फ इस आधार पर वीजा देने से इनकार कर दिया कि वह पति के साथ फोटो मे मुस्कुराने के बजाय तनाव में दिख रही थी। उनका मानना था कि यह 'असली शादी' की बजाय वीजा के लिए किया गया नाटक है। अब बेचारा पति पिछले पाँच साल से यह साबित करने में जुटा हुआ है कि उसकी शादी असली है। किसी ने ठीक ही कहा है—

जिसके चेहरे पर सदा खिलती रहे मुस्कान,
उसके खातिर जगत् में सब कुछ है आसान।
मुस्कुरा के जिसको गम के घूँट पीना आ गया,
यही हकीकत है जहां में उसको जीना आ गया।

शब्द से भी ज्यादा प्रभावी मुस्कान

हमारे शब्द सुनने वाले पर जितना असर करते हैं, उससे कहीं अधिक प्रभाव हमारी मुस्कान का होता है। एक डॉक्टर मुस्कुराते हुए प्रसन्न मन से किसी रोगी का इलाज करता है तो उस रोगी का आधा रोग उसी समय दूर हो जाता है। उस मुस्कान से रोगी को सांत्वना मिलती है। रोग मुक्त होने की प्रेरणा और उत्साह जहाँ स्वयं रोगी के अन्दर से उठती है, तो रोग शीघ्र ही दूर हो जाता है।

मुस्कराहट सजे-सजाए घर के समान है। मनुष्य रोने के लिए नहीं बनाया गया है, मुस्कराने के लिए बना है। याद रखिए, आपके मन में मुस्कुराहट है, तो वह शब्दों से नहीं चेहरे से चमकती है, अगर किसी परिस्थिति के लिए

आपके पास शब्द नहीं है, तो सिर्फ मुस्कुरा दीजिए। शब्द उलझा सकते हैं, पर मुस्कराहट हमेशा काम कर जाती है। विभिन्न भाषाओं में अभिव्यक्ति के लिए अलग-अलग शब्द हैं, लेकिन मुस्कान नेकी, सम्मान और प्यार को व्यक्त करने के लिए सार्वभौमिक भाषा है। तो फिर क्यों न मुस्कराते हुए जीवन जिएँ और सफलता की ऊँचाई तक पहुँचें।

किसी शायर ने क्या खूब कहा है—

शब्दों को नहीं मुस्कान पढ़ना जानता हूँ
लफ्जों को नहीं खामोशी सुनना जानता हूँ
हर कोई खुली किताब नहीं होता
मैं तो बन्द किताब पढ़ना जानता हूँ।

प्रभावी एवं आकर्षक व्यक्तित्व

कोई व्यक्ति कितना भी गोरा-चिट्टा हो, लम्बा-पूरा हो, स्वस्थ हो लेकिन यदि उसके चेहरे पर मुस्कान नहीं आती, तो उसका व्यक्तित्व कभी प्रभावी व आकर्षक नहीं बन सकता। सबसे बड़ी आवश्यकता है व्यक्ति की विनोदप्रियता और चेहरे पर मुस्कान की, जिससे उदासी, तनाव, अवसाद, चिन्ता आदि पर नियंत्रण हो और व्यक्तित्व प्रभावशाली व आकर्षक बन सके। प्रभावशाली व्यक्तित्व को हर जगह सफलता मिलती है।

सौन्दर्य के साथ मुस्कुराहट मिलती है, तो सौन्दर्य सौ गुणा बढ़ जाता है। वह सौन्दर्य ऐसा दिखाई देता है जैसे गुलाब के फूल पर कोई ओस बिन्दु चमक रहा हो। मधुर मुस्कान एक सीमा तक व्यक्ति के सौन्दर्य की कमी को पूरा कर देती है। चेहरे और चमड़ी का सौन्दर्य सबको नसीब नहीं होता। वह कुदरती वस्तु है, परन्तु मधुर मुस्कान मनुष्य की अपनी निधि है। उसे वह जब चाहे तब पा सकता है।

मुसीबतें भी टिक नही सकतीं

आपने मुस्कराना सीखा है तो हजारों मुसीबतों पर भी आप विजय प्राप्त कर सकते हैं। जिन्दगी में कोई कठिनाई आए तो आप मुस्कुराते हुए उसका स्वागत

करें। आपकी मुस्कान में वह जादू है कि मुसीबत भी उसके सामने टिक नहीं सकती। यदि उसे देखकर आपकी मुस्कान मिट गई तो समझ लीजिए वह आपका भाग्य मिटा देगी। कठिनाइयाँ हर मनुष्य के जीवन में आती हैं। यह नहीं कि उसने आपके ही द्वार खटखटाए हैं। वह आए तो उसे आने दीजिए। वह आपका सब कुछ ले जाए, तो चिन्ता न करें, पर यह देखते रहिए कि वह आपकी मुस्कुराहट न छीन ले। यदि आपकी मुस्कान आपके पास है तो सब कुछ खोकर भी आप पा सकते हैं और यदि मुसीबत ने आपकी मुस्कान छीन ली है, तो समझ लीजिए कि आपका सब कुछ लुट चुका है और फिर से आप अपना वैभव नहीं पा सकते।

ठीक ही कहा गया है—

जिन्दगी में मुसीबतें तमाम हैं
फिर भी होठों पर मुस्कान है,
क्योंकि जब जीना है हर हाल में
तो फिर मुस्कराकर ही जीने में क्या नुकसान है।

मुस्कराहट—सफलता का नया सौन्दर्य

मुस्कराहट जीवन की अमूल्य निधि है। यह खरीदी नहीं जा सकती है, न उधार दी जा सकती है और न इसे कोई चुरा सकता है। जब तक यह दी नहीं जाती, तब तक यह किसी के काम की भी नहीं होती, लेकिन देने से कम नहीं होती क्योंकि यह अपने अधिकार की वस्तु है। जब चाहे तब दे सकते हैं। फिर इसे देने में किफायत अथवा कंजूसी क्यों की जाए? यदि आपको प्रकृति ने सौन्दर्य कम दिया है, तो मिलने वालों से मुस्कराकर बातें करना सीख जाइए। मुस्कान न केवल सौन्दर्य की कमी को पूरा कर देगी अपितु सफलता का नया सौन्दर्य पैदा कर देगी।

संसार में कोई इतना धनवान नहीं कि जो अपने अतीत को खरीद सके और न कोई इतना गरीब है कि वह मुस्कुराहट का दान न कर सके! इसलिए दिल खोल कर मुस्कुराना चाहिए।

मुस्कराते हुए करें काम का श्री गणेश

सफलता के लिए प्रत्येक कार्य का श्री गणेश हमें प्रसन्न मन से मुस्कुराते हुए करना चाहिए। ऐसा करने से हमारी आधी कठिनाइयाँ तो कार्य आरम्भ करते ही दूर हो जाती हैं, क्योंकि ऐसी स्थिति में हम कार्य को भार नहीं समझते। हम में उत्साह बना रहता है और हमारी शक्ति बढ़ जाती है।

इसके विपरीत, जब आदमी उदास होकर रोना-सा मुँह लेकर किसी कार्य को आरम्भ करता है तो उसके लिए वही कार्य पहाड़ बन जाता है। मन में कोई उत्साह नहीं होता। कार्य करने में उसकी कोई रुचि नहीं होती। उसकी शक्ति आधी रह जाती है। अत: सफलता भी सन्देहास्पद हो जाती है। किसी ने कहा है—

उदास होने के लिए उम्र पड़ी है,
नजर उठाओ सामने जिन्दगी खड़ी है।
अपनी मुस्कुराहटों को ओठों से न जाने देना
क्योंकि आपकी मुस्कुराहटों के पीछे दुनिया पड़ी है।

धनकुबेर जेकुक की सफलता और सुख-समृद्धि का राज

अमेरिकन धनकुबेर जेकुक से उनकी सफलता और सुख-समृद्धि का राज पूछा गया, तो वे बोले—"इसका एक ही रहस्य है वह है मेरी मुस्कुराहट। मैं हर हालत में मुस्कुराता रहता हूँ। यह नहीं कि मेरे जीवन में मुसीबतें कभी न आई हों। भला वह भी कोई जिन्दगी है, जिसमें एक बार भी मुसीबत न आई हो? मुसीबत मेरे पास भी आई, उसने मुझे खाली कर दिया। मेरी करोड़ों की सम्पत्ति समाप्त हो गई। मेरा व्यापार चौपट हो गया। मुसीबत ने मेरा सब कुछ छीन लिया, किन्तु मेरे मन की प्रसन्नता और मेरे मुख की मुस्कान नहीं छीन सकी। इसीलिए उसे मेरे सामने पराजित होना पड़ा और मेरी सम्पत्ति भी लौट आई।

सफलता के हर दरवाजे के ताले की चाबी

मुस्कुराने वाला व्यक्ति स्वयं तो खुश रहता ही है, दूसरों को भी खुश रखता है। लोग उसके पास खिंचे चले आते हैं। उसे किसी से मिलने, लोगों से

मेलजोल करने में जरा भी संकोच नहीं होता। मुस्कान वाला चेहरा कोई भी काम आसानी से करा लेता है। ठीक ही कहा गया है—

रोने से तो अपने भी पराए हो जाते हैं,
लेकिन मुस्कुराने से पराए भी अपने हो जाते हैं।

शेक्सपियर ने कहा है—

आपको जो कुछ चाहिए, मुस्कुराहट से प्राप्त करें न कि तलवार के बल पर।

प्रसिद्ध विचारक इमर्सन ने कहा है—

यदि आप अपने को बहुमूल्य बनाना चाहते हों, तो अपनी बुद्धि के द्वार मुस्कुराहट से खोल दीजिए।

इसीलिए कहा गया है—

मुस्कान वह चाबी है जो सफलता के हर दरवाजे का ताला खोल सकती है।

15

असफलता सफलता की जननी

असफलता : एक अद्‌भुत शब्द

सुप्रसिद्ध उद्योगपति जमशेदजी टाटा का कथन है—

> *'असफलता' वह अद्‌भुत शब्द है, जो यदि नहीं होता तो शब्दकोश अधूरे ही रह जाते। यदि 'असफलता' शब्द नहीं होता, तो सफलता का प्रारम्भ कैसे होता और व्यक्ति सफलता का स्वाद लेने से वंचित रह जाता।*

सफलता सभी को प्रिय है। यह आसानी से नहीं मिलती। हमसे यह उम्मीद की जाती है कि हम आने वाली बाधाओं से संघर्ष करें। उन पर विजय प्राप्त करें। बिना विघ्न-बाधाओं के हुआ कार्य जीवन को आनन्द से पूर्ण नहीं कर सकता। बिना कष्ट उठाए मिली सफलता ऐसी लगती है, जैसे कोई वस्तु मुफ्त में प्राप्त की हो। ऐसी वस्तु स्वादिष्ट और आनन्ददायक नहीं होती। संघर्ष से प्राप्त वस्तु हमें अधिक आनन्द देती है। उसका हमारे मन पर स्थायी प्रभाव पड़ता है।

इस बारे में राष्ट्रकवि मैथिलीशरण गुप्त की 'पंचवटी' में लक्ष्मणजी के विचार कितने प्रेरणादायी हैं—

नहीं विघ्न-बाधाओं को हम स्वयं बुलाने जाते हैं,
फिर भी वे यदि आ जावें तो कभी नहीं घबराते हैं।
मेरे मत में विपदाएँ हैं प्राकृतिक परीक्षाएँ
उनसे वह डरें, कच्ची हों जिनकी शिक्षा-दीक्षाएँ।

वस्तुतः प्रतिकूलताएँ और असफलताएँ जीवन की कसौटी हैं। जिनमें व्यक्ति का व्यक्तित्व निखरता है। इनसे डट कर मुकाबला करने से इच्छा शक्ति प्रबल होती है और हमारी क्षमताओं का विकास होता है। कठिनाइयों के समय मनुष्य की आन्तरिक शक्तियाँ संगठित होकर काम करती हैं और उसमें बड़ी-से-बड़ी समस्या का सहजता से मुकाबला करने की क्षमता पैदा हो जाती है।

जीवन का सौन्दर्य

स्वामी विवेकानन्द का कथन है कि—

असफलताओं की चिन्ता मत करो। वे बिलकुल स्वाभाविक हैं। असफलताएँ जीवन का सौन्दर्य हैं। जीवन में अगर संघर्ष न रहे तो जीवित रहना ही व्यर्थ है। इसी संघर्ष में जीवन का काव्य है। संघर्षों और त्रुटियों की परवाह मत करो। अपने लक्ष्य को सामने रख कर हजार बार आगे बढ़ने का प्रयत्न करो। यदि तुम हजार बार भी असफल होते हो, तो एक बार फिर प्रयत्न करो।

इस सन्दर्भ में किसी ने ठीक ही कहा है—

लगातार हो रही असफलताओं से निराश नहीं होना चाहिए, क्योंकि कभी-कभी गुच्छे की आखिरी चाबी भी ताला खोल देती है।

उपवन नहीं मरा करता

असफलताओं के मिलने पर भी इन असफलताओं से जरा भी विचलित होने की आवश्यकता नहीं है। आप सफलता की खोज में जुटे रहें तथा अपने मन में निराशा के कीटाणुओं को प्रवेश न होने दें। इस सम्बन्ध में विख्यात कवि गोपालदास 'नीरज' की निम्न पंक्तियाँ प्रेरणादायक हैं—

छिप-छिप अश्रु बहाने वालो
मोती व्यर्थ लुटाने वालो

कुछ सपनों के मर जाने से जीवन नहीं मरा करता है
कुछ पानी बह जाने से सावन नहीं मरा करता है
कुछ दीपों के बुझ जाने से आंगन नहीं मरा करता है
चन्द खिलौने के खोने से बचपन नहीं मरा करता है
कितनी बार गगरियाँ फूटीं
शिकन न आई पनघट पर
कितनी बार किश्तियाँ डूबीं
चहल-पहल वैसी है तट पर
तम की उमर बढ़ाने वालो
लौ की आयु घटाने वालो
लाख करे पतझर कोशिश पर
उपवन नहीं मरा करता है।

सफलता के रास्ते की चुनौतियाँ

असफलताओं को असफलताओं के रूप में देखने वालों को वे बड़ी डरावनी भले दिखाई देती हों, किन्तु उन व्यक्तियों को इनका सामना करने में आनन्द आता है जो इन्हें सफलता के रास्ते की चुनौती के रूप में स्वीकार करते हैं। वे जानते हैं कि एक बार जब किसी असफलता को दूर करने को दृढ़तापूर्वक जुटना पड़ता है, तो उसे सफलता में बदलने में देर नहीं लगती। इसके विपरीत, जब तक उसे भय मान कर उससे दूर रहा जाता है, तब तक वह दुर्गम पहाड़ी की भाँति सम्मुख खड़ी प्रतीत होकर अवरोधक बनती है। इसलिए आदमी को कभी हिम्मत नहीं हारना चाहिए, क्योंकि पहाड़ों से निकली नदी ने आज तक रास्ता किसी से नहीं पूछा कि समुन्दर कितनी दूर है? मुनि श्री तरुणसागर का कथन है—

> *हिम्मत मत हारो। शरीर कमजोर हो और मन मजबूत हो, तो काम चल जाएगा लेकिन मन कमजोर हो और शरीर मजबूत हो, तो काम नहीं चलेगा। जिन्दगी में चुनौतियाँ तो मिलेंगी। कालिदास को चुनौतियाँ मिलीं, तुलसीदास को चुनौतियाँ मिलीं, कबीरदास*

को चुनौतियाँ मिलीं। आपको भी चुनौतियाँ मिलेंगी। प्रकृति ने हमें कुछ करने को जन्म दिया है। इसलिए मन को कभी कमजोर मत होने देना।

नवीन अवसर एवं सन्देश

असफलता मिलने का भी अपना विशेष महत्त्व है, जो आपको एक नवीन अवसर प्रदान करती है और आपको एक नवीन सन्देश देती है कि अपने लक्ष्य को पाने के लिए पूरे मन से, पूरे उत्साह से जुट जाओ और अपनी क्षमता तथा योग्यताओं का पूरी तरह से उपयोग कर लक्ष्य प्राप्ति के लिए प्रयास करो।

एक बार असफलता का सामना हो जाने पर किसी को असफल मान लेना उसके साथ अन्याय करने के समान है। संसार में लिंकन जैसे हजारों व्यक्ति हुए हैं, जिन्होंने सैकड़ों बार असफल होकर भी अन्त में अभीष्ट सफलता का वरण कर लिया। सच्चा पुरुषार्थी वास्तव में वही है जो बार-बार असफलता को देखकर भी अपने प्रयत्न में शिथिलता न आने दे और असफलता के बाद नए उत्साह से सफलता के लिए प्रयत्न करता रहे। जो पत्थर एक आघात से नहीं टूटता, उसे बार-बार के आघात से तोड़ा जा सकता है।

अन्तर्निहित शक्तियों का प्रकटीकरण

असफलताएँ महत्त्वपूर्ण हैं। केवल असफलता ही हमारे अन्दर निहित शक्ति को बाहर ला सकती है, ठीक उसी तरह जैसे कच्चे सोने से ताप विशुद्ध सोने को अलग कर देता है। कोई भी व्यक्ति जिसे सहज ही सफलता हाथ लग जाती है, कोई बड़ा काम नहीं कर पाता। वह ऊँचा नहीं उठ सकता। वह असफलता ही है जो निहित सर्वोत्तम गुणों को उजागर करती है। असफलता अपने आप में एक चुनौती है, जो हमें भरसक प्रयत्न करने की ओर प्रवृत्त करती है और हमारे अन्दर की शक्ति को बाहर लाती है, जोकि सरलता से सफलता प्राप्त होने पर कभी क्रियान्वित न हो सकती।

इस सम्बन्ध में किसी ने क्या खूब कहा है—

गुलशन की फकत फूलों से नहीं
काँटों से भी जीनत होती है
सफलता के लिए इस दुनिया में
असफलता की जरूरत होती है।

गलतियाँ दोहराने की गलती न करें

एक सेल्फमेड यानी अपने बलबूते से अरबपति बने व्यक्ति से बहुत वर्षों के बाद मिले उसके मित्र ने पूछा—"तुमने इतनी सफलता कैसे पाई?"

उसने उत्तर दिया—"जिन्दगी में शायद ही मैंने कोई अवसर गँवाया हो। मैं लगातार अवसरों के प्रति चौकन्ना रहा। जब लोगों ने मुझसे पूछा कि मैं गलत और सही मौके में अन्तर कैसे करता हूँ तो मैंने कहा—मैंने कभी गलत और सही मौके में अन्तर नहीं किया। बस, उन्हें प्राप्त करने में लगा रहा। अगर मैं एक मौके को जाने देता, तो एक बार आया हुआ मौका दुबारा नहीं आता, लेकिन मुझसे यदि एक मौके पर गलती हुई तो मैंने उसे कभी दोबारा न दोहराने का सबक सीख लिया।"

किसी ने क्या खूब कहा है—

गलती कीजिए, गलतियाँ कीजिए, बेशुमार कीजिए
मगर एक बात का हमेशा ध्यान रखिए, एक गलती दुबारा न कीजिए।

असफलताओं के सम्बन्ध में कुछ विद्वानों एवं सफल व्यक्तियों के कथन

एडमंड वर्ग का कथन है—

सफलता के मार्ग की कठिनाई व्यायामशाला के उस उस्ताद का नाम है, जो अपने शिष्यों को पहलवान बनाने के लिए उससे खुद लड़ता है और उन्हें पटक-पटक कर ऐसा मजबूत कर देता है कि वे दूसरे पहलवान को गिरा सकें।

सर हम्फ्री डेवी का कहना था—

> *मैं इस समय जितना चतुर हूँ उतना कभी न था। मैंने जो कुछ सफलताएँ पाई हैं और महत्त्वपूर्ण कार्य किए है वे भूलों, असफलताओं और त्रुटियों की सहायता से किए हैं।*

कन्फ्यूशियस के अनुसार—

> *हमारी सबसे बड़ी शान कभी न गिरने में नहीं है, वरन् हमारा गौरव तो इसमें है कि जब-जब गिरें, हर बार उठकर खड़े हो जाएँ।*

टॉम वैटसन सीनियर का कथन है—

> *अगर आप सफल होना चाहते हैं तो असफलता की दर को दुगुना कर दीजिए।*

श्रेष्ठ खिलाड़ी विन्से लोम्बाडी का कथन था—

> *असफलता यह नहीं कि आप गिर गए, असफलता तो तब है जब आप उठने का प्रयास ही न करें।*

एच. डब्ल्यू. बीचर—

> *मुश्किलें वे औजार हैं जिनसे ईश्वर हमें बेहतर कामों के लिए तैयार करता है।*

हेलन किलर—

> *विपरीत और दुःख के अनुभव से ही आत्मा सशक्त बनती है, सपना स्पष्ट होता है, महत्त्वाकांक्षा प्रेरित होती है और सफलता मिलती है।*

बुकर टी. वाशिंग्टन के अनुसार—

सफलता जीवन में हमारी उपलब्धियों द्वारा नहीं, बल्कि उन बाधाओं द्वारा नापी जाती है, जिन्हें हमने सफल होने के लिए पार किया है।

मानव मन में जीवन में कुछ कर गुजरने का जज्बा होना चाहिए। मन में लगन की लौ जलाकर असफलता के अन्धकार का शमन किया जा सकता है। कर्म के अमृत कलश में विपन्नता का विष नाश कर समृद्धि के शिखर स्थापित करना सम्भव है।

जिन असफलताओं में कई व्यक्ति रोते-झींकते हैं, मानसिक क्लेश अनुभव करते हैं, उन्हीं असफलताओं में दूसरे नवीन प्रेरणा, नव उत्साह पाकर सफलता का वरण करते हैं। बार-बार असफल होने वाले ऐसे लोगों ने यह सिद्ध कर दिया कि असफलता वास्तव में सफलता की जननी है। ऐसी ही कुछ लोगों की प्रेरणा दायक जीवनियाँ प्रस्तुत हैं—

अब हम सफलता के करीब हैं

सफल लोगों की जीवनियाँ पढ़ कर देखें, तो आपको पता चलेगा कि महान से महान व्यक्ति भी सफलता प्राप्ति के पूर्व कई बार असफल हुए हैं, पर उन्होंने कोशिश जारी रखी और अन्त में जो पाना चाहते थे, वो पा कर ही रहे। परिश्रम कभी भी बेकार नहीं जाता।

सुप्रसिद्ध वैज्ञानिक थॉमस अल्वा एडिसन ने विद्युत के क्षेत्र में बहुत कार्य किया। बल्ब बनाने की कोशिश में वे कई बार असफल हुए। कई असफलताओं से गुजरने के बाद उन्हें सफलता मिली। एक प्रयोग में तो वे 999 बार असफल रहे, परन्तु उनके उत्साह में कमी नहीं आई। उनके शोध छात्र निराश होने लगे, लेकिन एडीसन ने अपना हौसला बरकरार रखा और पूरी ताजगी और उत्साह के साथ प्रतिदिन प्रयोगशाला में पहुँचते और प्रयोग करने में लग जाते थे। वे अपने शोधार्थियों से कहा करते थे कि हर असफलता हमें सफलता की ओर अग्रसर करती है। हम 999 मार्ग आजमा चुके हैं। अब बहुत ही कम विकल्प शेष बचे हैं और अब हम सफलता के

करीब ही हैं और अन्त में एक अविस्मरणीय दिन आया—1000वीं बार में उन्हें सफलता मिल ही गई।

किसी शायर ने ठीक ही कहा है—

रख हौसला वो मंजर भी आएगा
प्यासे के पास चलकर समंदर भी आएगा
थक कर न बैठ ए मंजिल के मुसाफिर
मंजिल भी मिलेगी और जीने का मजा भी आएगा।

शून्य से शिखर तक

सफलता उन्हीं को मिली है जो असफलता से लड़े हैं।
असफलता के भय से जो डिगे वे धराशायी पड़े हैं॥

अब्राहम लिंकन एक गरीब परिवार में पैदा हुए। वे लैम्प पोस्ट और चूल्हे में जलने वाली आग की रौशनी में पढ़ते थे। बाद में लकड़हारे, सर्वेयर, गाँव के पोस्ट मास्टर, वकील और अन्ततः राष्ट्रपति बने।

लिंकन का जीवन संघर्ष की एक लम्बी कहानी है। उन्होंने 21 वर्ष की आयु में व्यापार शुरू किया, जो चौपट हो गया। 22 वर्ष की उम्र में उन्होंने चुनाव लड़ा, जिसमें वे हार गए। 24 वर्ष की आयु में उन्होंने एक और व्यापार किया, जिसमें वे दिवालिया हो गए। 26 वर्ष की आयु में उनकी पत्नी का देहान्त हो गया, जिसका उन्हें गहरा आघात सहना पड़ा। 27 वर्ष की आयु में वे अपना मानसिक सन्तुलन खो बैठे।

29 वर्ष की आयु में वे स्पीकर का चुनाव हारे, 34 और 39 वर्ष की उम्र में विधान सभा का चुनाव हारे। 46 वर्ष की आयु में सीनेट का चुनाव हारे, 47 साल की उम्र में उपराष्ट्रपति का चुनाव हारे। 49 साल की उम्र में सीनेट का चुनाव एक बार फिर हारे, परन्तु इतनी सारी असफलताओं के बाद भी उनका हौसला पस्त नहीं हुआ और अन्ततः 52 वर्ष की आयु वह अमेरिका के राष्ट्रपति बन गए।

उनके जीवन से हमें यह प्रेरणा मिलती है कि लगन, हौसला और दृढ़ इच्छा शक्ति हो, तो इनसान असफलताओं के बाद भी जीत सकता है।

किसी ने ठीक ही कहा है—

गिर कर उठना, उठकर चलना, यह क्रम है संसार का
कर्मवीर को फर्क न पड़ता किसी जीत या हार का

संकल्प शक्ति से माउंट एवरेस्ट फतह

न्यूजीलैंड में पैदा हुए सर एड्मंड हिलेरी का जीवन रोमांचक अभियानों से भरा हुआ था। उन्हें बचपन से ही पर्वतारोहण का शौक था। पहले उन्होंने न्यूजीलैंड के पर्वतों पर पर्वतारोहण का अनुभव प्राप्त किया, इसके बाद उन्होंने अन्य देशों के पर्वतों पर चढ़ाई अभियान चलाया।

एड्मंड हिलेरी हिमालय पर्वत की सबसे ऊँची चोटी माउंट एवरेस्ट पर सबसे पहले चढ़े थे। उन्होंने तीन बार चढ़ने की कोशिश की, मगर उन्हें सफलता नहीं मिली और उन्हें वापस लौटना पड़ा। उन्हें अपने तीसरे प्रयास के बाद एक बार न्यूजीलैंड में एक डिनर पार्टी पर आमंत्रित किया गया, तब उन्हें अनुभव बताने को कहा गया तो उन्होंने दीवाल पर टँगे माउंट एवरेस्ट के चित्र को सम्बोधित करते हुए कहा—"माउंट एवरेस्ट, तुम्हें एक बात जानना चाहिए। जो समस्या तुम्हारे साथ है, वह मेरे साथ नहीं। तुम्हारी समस्या है कि तुम 29,202 फीट से आगे नहीं बढ़ सकते, जबकि मैं धैर्य और कठोर परिश्रम से 29,202 फीट को पार कर सकता हूँ।" आखिरकार हिलेरी अपने चौथे प्रयास में सफलतापूर्वक एवरेस्ट पर चढ़ गए।

आखिरकार वह कौन-सी वजह थी कि एडमंड हिलेरी ने वह काम कर दिखाया, जो उनके पहले कोई नहीं कर पाया था। इसकी वजह थी कि उन्होंने कभी हार नहीं मानी और अपनी सतत् लगन और संकल्प शक्ति के बल पर माउंट एवरेस्ट पर पहुँचने में सफल रहे। इस प्रकार विश्व पर्वतारोहण के इतिहास में अपना नाम अंकित करा कर वे अमर हो गए।

किसी ने सटीक कहा है—

पहुँचना है पर्वत के शिखर पर तो पहले फिसलना होगा
छूना है अगर आसमान को तो पहले धरती पर चलना होगा।

16

सफलता के लिए प्रभावशाली व्यक्तित्व एवं अन्य बातें जानिए

प्रभावशाली व्यक्तित्व

प्रत्येक व्यक्ति का अपना एक अलग व्यक्तित्व होता है। व्यक्तित्व ही मनुष्य की मौलिकता है। इसी पर मनुष्य की सफलता-असफलता निर्भर करती है। इसी से व्यक्ति का मूल्यांकन किया जा सकता है। वस्तुत: व्यक्तित्व ही मनुष्य को सुन्दर एवं असुन्दर की परिधि में लाकर खड़ा करता है। हमारे सम्पर्क में आने वाले सभी लोग शारीरिक दृष्टि से सुन्दर और आकर्षक नहीं होते, किन्तु कितने भी असुन्दर होते हुए भी हमारे मन में अपनी अमिट छाप छोड़ जाते हैं।

आपने स्वयं भी अनुभव किया होगा कि कभी-कभार अनजान, अपरिचित व्यक्ति से थोड़ी-सी देर बात करने पर आपके अन्दर एक अजीब तरह की खुशी पैदा हुई होगी और अपरिचित होते हुए भी वह अपने प्रभाव का जादू आपके ऊपर छोड़ गया होगा। यह उसके व्यक्तित्व का प्रभाव ही है।

मनुष्य की असली पूँजी व्यक्तित्व होता है। इसके लिए उसे अपने भीतर विद्यमान व्यक्तित्व रूपी खजाने को पहचानना होगा और इस व्यक्तित्व की दौलत को समृद्ध करना होगा। तभी उसका समुचित विकास होगा। हमारे भाग्य और सफलता की कुंजी हमारे पास है। केवल आवश्यकता है उसे पहचानने की।

एक मूर्तिकार एक पत्थर तोड़ रहा था। कोई व्यक्ति उसे देखने गया कि मूर्ति कैसे बनाई जाती है। उसने देखा कि मूर्ति तो एकदम से नहीं बनाई जा रही है, सिर्फ छैनी और हथौड़े से पत्थर तोड़ा जा रहा है। तब उस आदमी ने पूछा कि यह आप क्या कर रहे हैं? मूर्ति नहीं बनाएँगे? मैं तो मूर्ति का

बनना देखने आया हूँ। आप तो सिर्फ पत्थर तोड़ रहे हैं। तब उस मूर्तिकार ने उससे कहा कि मूर्ति तो पत्थर में छिपी है। उसे बनाने की जरूरत नहीं है। सिर्फ उस पर जो व्यर्थ पत्थर रूपी आवरण जुड़ा है, उसे अलग कर देने की आवश्यकता है और मूर्ति प्रकट हो जाएगी। इसी प्रकार प्रत्येक मनुष्य के भीतर श्रेष्ठ व्यक्तित्व के अंकुर विद्यमान हैं।

प्रभावशाली व्यक्तित्व से सम्पन्न व्यक्तियों के लिए सफलता प्राप्त करना कठिन नहीं होता और वे आसानी से अपने उद्देश्य की दिशा में बढ़ जाते हैं। यदि आपका व्यक्तित्व प्रभावशाली है, तो दूसरे लोगों को आपसे मिल कर प्रसन्नता और गौरव की अनुभूति होगी। व्यक्ति की सफलता में उनका प्रभावशाली व्यक्तित्व प्रदर्शन निश्चित रूप से सकारात्मक भूमिका निभाता है।

संसार में प्रत्येक महान एवं सफल व्यक्ति निःसन्देह प्रभावशाली व्यक्तित्व का धनी माना गया है, जिसके व्यक्तित्व के सम्मोहन के कारण वह संसार में एक अद्वितीय व्यक्तित्व बन जाता है।

आप स्वयं भी इस पुस्तक के विविध अध्यायों में बताई गई बातों का अध्ययन-मनन कर और उन्हें व्यावहारिक रूप दे कर अपने व्यक्तित्व को शक्तिशाली और आकर्षक बना सकते हैं।

सफलता का कोई शॉर्टकट नहीं

आज हर व्यक्ति फल प्राप्ति के लिए, सफलता पाने के लिए उतावला दिखाई देता है। जिसे देखिए, वही थोड़े-से प्रयत्न से भरा-पूरा परिणाम पाने के लिए आतुर दिखाई देता है। लोग यह चाहते हैं कि उनके हाथ कोई ऐसा फॉर्मूला लग जाए, जिसके द्वारा सफलता उनकी मुट्ठी में आ जाए। वे हर समय किसी 'शॉर्टकट' की तलाश में रहते हैं।

शॉर्टकट से कुछ सफलता मिल सकती है, मगर इससे मिली सफलता भी शॉर्ट होती है।

शॉर्टकट से सावधान रहने की आवश्यकता है, क्योंकि कभी-कभी शॉर्टकट का रास्ता बहुत खतरनाक होता है। एक समय ऐसा था जब बम्बई (मुम्बई) में रेलवे पटरी पार करते समय प्रतिदिन औसतन छः लोग कट जाया करते थे। आज भी हम देखते हैं कि समय बचाने के लिए लोग निर्धारित रास्ते से

न जाकर पटरियाँ पार कर के जाते हैं और दुर्घटनाओं के शिकार होते हैं। कभी-कभी यह शॉर्टकट उतना ही खतरनाक साबित होता है, जितना कि बिजली का शॉर्ट सर्किट।

सफलता के लिए लिए आतुरता या उतावलापन का प्रदर्शन न करें। पूरे मनोयोग से अपने काम में जुटे रहें। सफलता आपके पीछे पीछे चलेगी।

मूड की बीमारी से बचें

बहुत से लोग—"मेरा कहीं मन नहीं लग रहा," "मैं अभी मूड में नहीं हूँ" या "मेरा मूड खराब है" जैसी मानसिक व्याधि से ग्रस्त रहते हैं। ऐसे लोग सफलता प्राप्त नहीं कर सकते। दुनिया में किसी प्रकार का काम क्यों न हो, मूड की प्रतीक्षा में सफलता का हाथ से निकल जाना उतना ही निश्चित है जितना टालमटोल की आदत से अवसर को खो जाना।

जब हम दुनिया की महान प्रतिभाओं और अपने समय के सफलता प्राप्त स्त्री- पुरुषों की उपलब्धियों को देखते हैं तो आश्चर्यचकित रह जाते हैं।

यदि हम इन महापुरुषों में से किसी एक की भी दिनचर्या पर दृष्टिपात करें तो विदित होगा कि चाहे वर्षा हो रही हो या कड़कड़ाती ठंड या धूप हो, वे अपने काम में जुटे रहे हैं और उन्होंने इस बात की जरा भी परवाह नहीं की कि उन्हें कब मूड आएगा।

अत: आप अपने आलस्य, अज्ञानता या उदासीनता छिपाने के लिए किसी मूड की बहानेबाजी से दूर रहिए ओर अपने काम पर पिल पड़िए।

अपना कार्य सहज भाव और उल्लसित मन से करें

अपनी आजीविका के लिए या अन्य किसी कारणवश हम जो भी कार्य करें, उसे अपना कर्तव्य मानकर आनन्दपूर्वक सहज भाव से करें। ऐसा करने से कार्य बहुत हल्का हो जाता है, थकावट भी नहीं आती। साथ ही, कार्य करते हुए सुख और आनन्द की अनुभूति होती है, जो दीर्घ, सुखी और स्वस्थ जीवन की प्रतिभूति भी है।

इस सम्बन्ध में आपके सामने एक उदाहरण प्रस्तुत है—

तीन नर्सें हैं। एक व्यक्ति उनके कार्य के सम्बन्ध में पूछता है।

पहली नर्स कुढ़ कर कहती है—मेरे भाग्य में तो लोगों का मल-मूल साफ करना ही लिखा है, वही कर रही हूँ।

दूसरी नर्स सहज भाव से कहती है—नर्स का कार्य मेरा पेशा है। मैं यथाशक्ति अपना कार्य पूरी तत्परता और लगन से करती हूँ। इस कार्य से अपने परिवार का पालन करती हूँ।

तीसरी नर्स बहुत प्रसन्नतापूर्वक कहती है—मैं एक नर्स हूँ। मैं यथाशक्ति रोगियों के कष्टों को दूर करने और उन्हें आराम पहुँचाने का प्रयास करती हूँ। उन्हें रोगमुक्त और कष्टमुक्त देखकर मुझे बहुत प्रसन्नता होती है। हाँ, इस कार्य से मुझे जो पैसा मिलता है, उससे मैं अपने परिवार का पालन करती हूँ।

आप इन तीनों नर्सों के अपने-अपने काम के प्रति उनके नजरिये में आकाश-पाताल के अन्तर पाएँगे। तीनों ही नर्सें हैं। तीनों को एक जैसा ही कार्य करना पड़ता है। पहली अपना कार्य लाचारी से दुःख मान कर करती है, दूसरी उसे अपनी आजीविका का साधन मान कर सन्तोषपूर्वक करती है जबकि तीसरी यह कार्य बहुत प्रसन्नतापूर्वक कर्तव्य-भावना से करती है और उसे कार्य से सुख और आनन्द की अनुभूति होती है, साथ ही अपने कार्य से थकावट भी नहीं आती।

सबसे महत्त्वपूर्ण बात यह है कि हम कार्य को कैसे मन और किस भाव से करते हैं? बेमन से किया गया कार्य आदमी के लिए बोझ हो जाता है, वहीं उल्लसित मन से किया कार्य सफलता का सेतु बन जाता है। इससे कोई फर्क नहीं पड़ता कि कार्य छोटा है या बड़ा? फर्क इससे पड़ता है कि कार्य करनेवालों का मन छोटा है या बड़ा?

याद रखिए, किसी भी परिस्थिति में कोई भी काम बोझ समझ कर मत कीजिए। इससे अधिक उत्साह तोड़ने वाली बात और कोई नहीं है। यदि परिस्थितियाँ आपको नापसन्द काम करने के लिए मजबूर करती हैं तो कोई बात नहीं—उसमें कोई मनोरंजक और दिलचस्प बात पाने के लिए अपने को मजबूर करें। जो कार्य करना जरूरी है, उसे कुछ इस प्रकार से करें कि वह आवश्यक दिलचस्पी से भरा हुआ हो।

जिस व्यक्ति ने अपनी आत्मा को अपने काम में डालकर उसका बोझ हटाने का रहस्य नहीं सीखा, उसने सफलता का पहला सिद्धान्त भी नहीं

सीखा। मामूली काम में भी उत्साह की भावना लाकर उसे इतना ऊँचा उठा देना सर्वथा सम्भव है कि वह गौरवपूर्ण कार्य बन जाए। यही तो सफल जीवन जीने की कला का एक अंश है।

सफलता में भावनात्मक प्रतिभा का योग

सामान्य तौर पर यह माना जाता है कि हर सफल व्यक्ति का आई क्यू (बौद्धिक गुणांक) ज्यादा होता है, लेकिन सफल होने, ऊँचाई पर पहुँचने के लिए महत्त्वपूर्ण कारकों में एक कारक ई. क्यू. (इमोश्नल कोशंट) यानी भावनात्मक प्रतिभा भी है। कई बार हम देखते हैं कि कम योग्यता वाला व्यक्ति कॅरियर में बेहतर उपलब्धि प्राप्त कर लेता है। इसका कारण क्या हो सकता है? एक सब्जी बेचने वाला या परचूनी दुकानदार एक दिन कॉर्पोरेट जगत् की प्रमुख हस्ती बन जाता है, जबकि उच्च शिक्षित लोग भी एक सीमा से आगे नहीं बढ़ पाते, कोई विशेष उपलब्धि अर्जित नहीं कर पाते।

आज विश्व के कई मनोवैज्ञानिक यह मानने लगे हैं कि आई. क्यू. ही सफल होने के लिए सब कुछ नहीं है। अक्सर भावनात्मक रूप से आप्लावित व्यक्ति जीवन में बड़े-बड़े काम कर डालते हैं, जिनकी हमें अपेक्षा भी नहीं होती। जिन लोगों को भावनात्मक सहयोग मिलता है, वे जीवन की ऊर्जा का अधिकतम उपयोग कर पाते हैं।

डेनियल गोलमैन ने अपनी पुस्तक 'इमोशनल इंटेलिजेंट : व्हाई इट कैन मैटर मोर देन आई. क्यू.' (Emotional intelligent : why it can matter more than I.Q.) जिसमें यह समझाने का प्रयास किया है कि व्यक्ति की सफलता का सूत्र वास्तव में उसकी भावनात्मक प्रतिभा में निहित है। भावनात्मक प्रतिभा का तात्पर्य व्यक्ति का अपने मनोभावों को समझना, उन पर नियंत्रण रखना और उनका बेहतर उपयोग करना है।

भावनात्मक प्रतिभा में मानसिक प्रतिभा की तुलना में व्यक्तिगत विशेषताओं को अधिक महत्त्व दिया जाता है। ये विशेषताएँ अपनाई और विकसित की जा सकती हैं। इन्हीं विशेषताओं और खूबियों की सहायता से व्यक्ति जीवन की कठिनाइयों और चुनौतियों का मजबूती से मुकाबला कर सकता है और परिवर्तनों के साथ आसानी से तालमेल बैठा कर सफलता पा सकता है।

भावनात्मक प्रतिभा सम्पन्न व्यक्ति संवेदनशील भी होते हैं। ऐसे इनसान की एक अलग शख्सियत होती है। हमें इस हकीकत को स्वीकार करना चाहिए कि जैसा हम चाहते हैं कि लोग हमें, हमारी भावनाओं को समझें, हमारे विचारों का सम्मान करें, वैसे ही और लोगों को भी हमसे अपेक्षा रहती है। दूसरों की सहायता करना भी संवेदनशीलता से जुड़ा हुआ है। अगर हम वक्त पड़ने पर औरों के काम आते हैं, तभी हम अपने लिए ऐसी उम्मीद कर सकते हैं।

भावनात्मक प्रतिभा बढ़ाने के लिए यह आवश्यक है कि पारिवारिक वातावरण अच्छा हो। दूसरी आवश्यकता अपनी रुचि के अनुरूप कार्य करने की है। जिस क्षेत्र में रुचि नहीं हो, उस क्षेत्र में वांछित सफलता प्राप्त नहीं की जा सकती। इसके साथ ही यह जरूरी है कि भौतिक और भावनात्मक परिवेश अच्छा हो। भावनात्मक परिवेश के निर्माण में दोस्तों और शिक्षकों की भूमिका महत्त्वपूर्ण होती है। किसी के कहे कुछ शब्द जीवन के लिए अभिप्रेरक बन आपको सफलता के सोपान पर पहुँचाने में मददगार हो सकते हैं।

सफलता की सर्वश्रेष्ठ गारंटी

अगर आपको अपने काम में आनन्द आता है, आप कार्य में डूब जाते हैं या डूब कर काम करते हैं, तो यह आपके लम्बे और सफल जीवन की सर्वश्रेष्ठ गारंटी है।

महान राजनेता विंस्टन चर्चिल ने ब्रिटेन का बहुत कठिन समय में नेतृत्व किया, पुस्तकें लिखी, हर मौके पर बोले और अनेकों मुश्किल निर्णयों की अवहेलना की सिवाय उस एक नियम के, जिसे अक्सर लोग नजर अन्दाज कर देते हैं, वह कि उन्होंने अपने काम में भरपूर आनन्द लिया। हम सब जानते हैं कि सफलता के शिखर पर पहुँच कर उनकी मृत्यु इक्यानवें वर्ष में हुई।

आपका जीवन कार्य ही आपकी पहचान है, आपकी प्रतिभा है। आप इससे अलग नहीं हो सकते।

किसी शायर ने कहा है—

काम करो ऐसा कि पहचान बन जाए
हर कदम चलो ऐसा कि निशान बन जाए।
जिन्दगी तो सभी काट लेते हैं मेरे दोस्त
तू जिन्दगी जी ऐसे कि मिसाल बन जाए।

लकीर के फकीर न बनें

आप जीवन में कुछ भी करें, उसमें दूसरे के पीछे मत चलिए यानी पिछलग्गू न बनें, नकल न करें। कोई काम उस तरह मत कीजिए, जिस तरह पहले किसी ने किया हो, यानी लकीर के फकीर मत बनिए। अपने साहसपूर्ण व्यक्तिगत तरीके पर दृढ़ता से जमे रहने से मत डरिए। बनी-बनाई लीकों को छोड़कर किसी नई दिशा में बढ़ने की नवीन उपलब्धि प्राप्त करने का संकल्प कीजिए। लीक पर चलना भेड़चाल कहलाता है। इसी से कहा जाता है—

लीक-लीक गाड़ी चले, लीकहिं चले कपूत।
लीक छोड़ तीनों चलें, शायर, सिंह, सपूत॥

मौलिकता का इतना महत्त्व पहले कभी नहीं था, जितना आज है। दुनिया मौलिक शक्ति वाले की तलाश में है, जो लीक को छोड़कर नए क्षेत्र में आगे बढ़ सफलता प्राप्त करता है। मुनि तरुणसागरजी का कहना है कि—

बने-बनाए रास्ते पर चलने वाली नहरें होती हैं, नदियाँ नहीं। नदियाँ चट्टानों को चीर कर अपना रास्ता खुद बनाती हैं और आगे बढ़ती हैं। तभी तो सागर में मिल पाती हैं। न सिर्फ सागर से मिलती हैं, वरन् खुद सागर हो जाती हैं। लकीर के फकीर मत बनो। अपना रास्ता स्वयं बनाओ और आगे बढ़ो।

किसी शायर ने ठीक ही कहा है—

जिन्दगी काँटों भरा सफर है
हौसले इसकी पहचान है
रास्तों पर तो सभी चल लेते हैं
जो रास्ता बनाए वही इनसान है।

17

प्रतिकूलता में अनुकूलता ढूँढ़िए

सफलता की उच्चतम पायदान पर पहुँचने के लिए यह आवश्यक नहीं कि किसी व्यक्ति के पास समुचित साधन हों अथवा उसके अभिभावकों द्वारा उसके लिए शिक्षा तथा सुविधा जुटाने का प्रबन्ध किया गया हो। इसका अभाव रहने पर भी व्यक्ति अपनी दृढ़ इच्छा शक्ति एवं तत्परता के बल पर प्रतिकूलता को भी अनुकूलता में बदल सकता है और साधारण स्थिति में भी बाधाओं को अपने मनोबल से दूर कर सफलता प्राप्त कर सकता है।

इतिहास के पृष्ठ ऐसे प्रतिभाशालियों की पुरुषार्थ गाथाओं से भरे पड़े हैं, जिन्होंने अपनी इच्छा शक्ति एवं पुरुषार्थ के बल पर स्वयं को कुछ से कुछ बन कर दिखाया, जिन्होंने विभिन्न प्रकार की बलिष्ठताओं सम्बन्धी कीर्तिमान स्थापित किए। उनमें से अधिकांश तो ऐसे थे, जो विपन्न स्थिति में थे। उनके सामने रोटी-रोजी की समस्या थी और उन्हें गया-गुजरा ही माना जाता था, किन्तु अपनी इच्छा शक्ति का उपयोग कर के उन्होंने आशातीत सफलता प्राप्त की। ऐसे ही कुछ महानुभावों के उदाहरण प्रस्तुत हैं—

कलाम का कमाल—छुआ आसमान

भारत के पूर्व राष्ट्रपति 'भारतरत्न' डॉ. ए.पी.जे. अब्दुल कलाम बहुत ही गरीब परिवार में जन्मे-पले थे। बचपन में उन्होंने अखबार बाँटने का कार्य भी किया। एम.आई.आई.टी. में एडमिशन के लिए उन्हें 1,000 रुपए की आवश्यकता थी, परन्तु उनके पिताजी के पास इतने रुपए नहीं थे। ऐसे में उनकी बहन ने अपनी सोने की चूड़ियाँ और चेन गिरवी रखकर पैसों का इन्तजाम किया।

डॉ. कलाम अपनी कल्पना शक्ति श्रम और लगन के कारण भारत के यशस्वी वैज्ञानिकों में से एक तथा उपग्रह प्रक्षेपणयान रणनीतिक मिसाइलों के स्वदेशी विकास के वास्तुकार बने। वे प्रौद्योगिकी क्षेत्र में भारत को महाशक्ति का दर्जा दिलाने के लिए भी प्रयत्नशील रहे।

डॉ. अब्दुल कलाम का कथन है कि यदि कोई व्यक्ति छोटे स्वप्न देखता है, तो वह गुनाह करता है। वह अपने जीवन को अर्थहीन बनाता है। आप भी बड़े स्वप्न देख सकते हैं। ईश्वर ने आपको भी वही सब कुछ प्रदान किया है, जो दूसरे सफल एवं महान व्यक्तियों को प्रदान किया है, तो फिर क्यों अपने जीवन को छोटी-छोटी सफलताओं एवं असफलताओं में उलझाए हुए हैं? यदि आपको कोई स्वप्न देखना ही है तो छोटा क्यों, बड़े से बड़ा देखिए।

उनका मानना था कि हम सबके भीतर ईश्वर का तेज छिपा हुआ है। हमारी कोशिश उस तेज पुंज को पंख देने की रहनी चाहिए, जिससे यह चारों ओर अच्छाइयाँ एवं प्रकाश फैला सके।

'सादा जीवन उच्च विचार' के सिद्धान्त पर चलने वाले डॉ. अब्दुल कलाम ने बचपन में आसमान छूने का सपना देखा था। वे चाहते थे कि भारत का हर बच्चा उनकी तरह ही बड़े सपने देखे ताकि यह देश उन्नति के शिखर पर पहुँच सके। डॉ. कलाम के सन्दर्भ में ये पंक्तियाँ सटीक हैं--

सामने मंजिल हो तो रास्ता मत मोड़ना
जो दिल में हो वह ख्वाब मत तोड़ना
हर कदम पर मिलेगी कामयाबी आपको
बस आसमां छूने में कभी जमीन मत छोड़ना।

ऊँची कल्पना ऊँची उड़ान

आपके स्वप्न, कल्पनाएँ जितनी ऊँची होंगी, उपलब्धि भी उतनी ही ऊँची और उत्कृष्ट होगी।

जीवन में बड़ी-से-बड़ी कल्पनाएँ लेकर चलिए। कर्म की आकाशगंगा में ऊँची से ऊँची उड़ान भरने की सोचिए, क्योंकि यदि आप की कल्पनाएँ बौनी होंगी तो आप के प्रयत्न भी उसी स्तर के होंगे और यदि कल्पनाएँ ऊँची हैं, तो उन्हें साकार करने के लिए आप प्रयास भी उसी स्तर के करेंगे

और उपलब्धि उच्च स्तर की होगी। इस बारे में अमेरिका के हेनरी फोर्ड का उदाहरण बड़ा प्रेरक है।

फोर्ड एक गरीब कृषक परिवार में जन्मे थे। गरीबी के कारण वे बहुत कम शिक्षा पा सके थे, किन्तु उन्होंने एक ऐसी कार बनाने का सपना देखा, जिसका बड़े पैमाने पर उत्पादन और उपयोग हो सके। वे अपने इस सपने को साकार करने के लिए लगन से जुटे रहे और अन्त में उन्होंने अपनी इच्छा शक्ति, लगन और हौसले के बल पर दुनिया की श्रेष्ठतम कार बना कर अपने सपनों को साकार किया और विश्वविख्यात फोर्ड मोटर कम्पनी के मालिक बने।

किसी शायर की ये पंक्तियाँ पूरी तरह फोर्ड के सन्दर्भ में सटीक हैं—

आसमां तक वे ही पहुँचते हैं
जिनके सपनों में जान होती है।
पंख से कुछ नहीं होता
हौसलों से उड़ान होती है।

बूट पॉलिश करने वाला बना उपराष्ट्रपति

अमेरिका के लिंडन बी. जॉनसन नौ वर्ष की आयु में, जो कि खेलने-खाने की होती है, अपने जन्म स्थान टैक्सास में फुटपाथ पर बैठकर जीविकोपार्जन के लिए बूट पॉलिश किया करते थे। अमेरिका में प्रत्येक व्यक्ति को बचपन से ही यह सिखाया जाता है कि किसी भी कार्य को छोटा और असम्मानीय मत समझो।

जॉनसन के मन में तो स्वतंत्रता की भावना समाई हुई थी। फिर वे बूट पॉलिश के कार्य को छोटा कैसे समझ सकते थे? एक ओर पॉलिश का कार्य और दूसरी ओर पढ़ाई का कार्य निरन्तर चलता रहा। उसका परिणाम यह रहा कि 15 वर्ष की आयु में उन्होंने हाई स्कूल की परीक्षा उत्तीर्ण कर ली।

इसके बाद उन्होंने कार की धुलाई, ऐलिवेटर संचालन तथा सड़क निर्माण का कार्य अपने हाथों में लिया। जॉनसन प्रत्येक कार्य को समर्पित भाव और तन्मयता से करते थे।

22 वर्ष की आयु में जॉनसन ने बी.एस.सी. की परीक्षा उत्तीर्ण कर ली और एक हाई स्कूल में अध्यापक हो गए। बाद में अध्यापक की नौकरी

छोड़कर वे वाशिंगटन आ गए और यहाँ रिचर्ड क्लेबर्ग के सचिव बन गए। दिन में सचिव का कार्य करते थे और रात्रि में जॉर्ज टाउन विश्वविद्यालय में कानून की शिक्षा ग्रहण करते थे।

जॉनसन अपनी प्रतिभा के बल पर नौ प्रतिद्वन्द्वियों को पराजित कर टैक्सास राज्य के प्रतिनिधि चुने गए। जॉनसन का राजनीति में यह पहला कदम था, जहाँ उन्हें सफलता मिली।

सन् 1953 में उनकी कार्यक्षमता और नेतृत्व शक्ति ने ही उन्हें सीनेट में अल्पसंख्यक दल का नेता बना दिया। उनकी आयु उस समय केवल 44 वर्ष थी। अब तक जितने नेता चुने गए थे, उनमें सबसे कम आयु के जॉनसन ही थे। आयु बढ़ने के साथ उनकी योग्यता, बुद्धिमत्ता और अनुभव निरन्तर बढ़ते जा रहे थे। सन् 1954 ई. में वे बहुमत दल के नेता निर्वाचित हो गए। 1962 में राष्ट्रपति कैनेडी की हत्या के बाद वे राष्ट्रपति-काल की शेष अवधि तक अमेरिका के राष्ट्रपति भी रहे।

नेता के रूप में उन्होंने अपनी योग्यता, कड़ी मेहनत, अच्छी सोच और संकल्प शक्ति का परिचय दिया जो बहुत कम व्यक्तियों में देखने को मिलता है।

कौन जानता था कि जूतों पर पॉलिश करने वाला 9 नवम्बर, 1960 ई. को अमेरिका जैसे महान देश का उपराष्ट्रपति बन जाएगा।

जॉनसन के जीवन सन्दर्भ में निम्न पंक्तियाँ पूरी तरह लागू होती हैं—

> *हम कल क्या थे, कोई फर्क नहीं पड़ता, लक्ष्य, अच्छी सोच कड़ी मेहनत, और संकल्प शक्ति के साथ आगे बढ़ें और कोई भी व्यक्ति अपना भाग्य बदल सकता है।*

बड़े सपने बड़ी सफलता

धीरूभाई अम्बानी गुजरात के चोरवाड़ गाँव में गरीब शिक्षक के यहाँ जन्मे थे। आर्थिक तंगी के कारण वे दसवीं कक्षा तक ही पढ़ पाए। 16 वर्ष की उम्र में नौकरी के लिए अदन गए। वहाँ वे शेल पेट्रोल पम्प पर पेट्रोल भरने का काम करने लगे। नौ वर्ष बाद 1959 में वे स्वदेश लौटे और मात्र 15,000 रुपयों से उन्होंने अपना व्यापार प्रारम्भ किया और इसके बाद उन्होंने कभी पीछे मुड़

कर नहीं देखा। अपनी मेहनत, लगन और बुद्धि से रिलायंस कम्पनी को देश की सबसे बड़ी कम्पनी बना दिया। उनकी मृत्यु के समय 2002 में रिलायंस समूह की सकल सम्पत्ति 60,000 करोड़ थी। इस प्रकार वे उद्योग जगत् के इतिहासपुरुष बन गए। हजारों करोड़ रुपयों का कारोबार खड़ा करके उन्होंने असम्भव को भी सम्भव कर दिखाया।

धीरूभाई का जीवन वास्तव में कामयाबी की एक ऐसी बड़ी कहानी है, जहाँ एक छोटे-से गाँव के लड़के ने जीवन के आखिरी दिनों तक ऐसा विशाल निगम खड़ा किया, जिसने उसे दुनिया के चुनिन्दा अमीरों में शामिल कर दिया।

जब वे अदन में शैल कम्पनी के पेट्रोल पम्प पर पेट्रोल भरने का काम करते थे, तब उन्होंने यह सपना देखा था कि वे शैल जैसी कम्पनी बनाएँगे और उन्होंने अपने सपने को सच कर दिखाया। धीरूभाई अम्बानी की जीवनी इस बात की गवाह है कि बड़ी सफलता उन्हीं को मिलती है, जो बड़े सपने देखते हैं।

किसी शायर ने क्या सटीक कहा है—

जो बड़े सपने देखने की हिम्मत रखते हैं
वो ही पूरी दुनिया को जीत सकते हैं
इन्तजार करनेवालों को उतना ही मिलता है
जितना कोशिश करने वाले छोड़ जाते हैं।

बचपन से परिस्थितियों से जूझने का जुनून

भारत के प्रधानमंत्री रहे लालबहादुर शास्त्री न तो बड़े बाप के बेटे थे, न किसी सहयोगी ने ही उन्हें इस पद पर पहुँचने में सहायता की थी। उनके मानवीय गुण, लगन, कर्तव्यनिष्ठा ओर कर्मठता ने ही उन्हें देश के उच्चतम पद पर पहुँचाया।

शास्त्रीजी का जन्म 2 अक्टूबर, 1904 में हुआ। इनके पिता श्री शारदाप्रसाद एक शिक्षक थे। अल्पायु में ही पिता का देहान्त हो गया। घर की स्थिति बहुत कमजोर थी। सहारे के नाम पर केवल माता राजदुलारी का सहारा था।

बारह वर्ष की उम्र में वे अपने साथियों के साथ गंगा पार मेला देखने गए। वापस लौटने के लिए उनके पास नाव वाले को देने पैसे नहीं थे। आधा किलोमीटर लम्बा पाट उन्होंने तैर कर पार किया। इस प्रकार परिस्थितियों से

जूझना वे बचपन से ही सीखने लगे। साधनों का अभाव उन्नति में बाधक नहीं है, यह प्रेरणा उन्हें बचपन में ही मिल चुकी थी।

पारिवारिक स्थिति साधारण होते हुए भी शास्त्रीजी ने लक्ष्य साधारण नहीं रखा। ऐसी परिस्थितियों में अन्य कोई साधारण साहस वाला होता तो हाईस्कूल पास करके कोई नौकरी खोज लेता, कहीं क्लर्क या अध्यापक बन जाता, लेकिन शास्त्रीजी एक सच्चे देशभक्त थे। उनका सपना कुछ और ही था।

दुबला-पतला, ठिगना, साधारण-सा दिखने वाला यह लौहपुरुष अपने कठोर परिश्रम, कर्मठता, विश्वास के कारण निरन्तर आगे बढ़ता गया। प्रथम तो उत्तर प्रदेश के मंत्री मंडल में संसदीय सचिव बनाया गया। बाद में उत्तर प्रदेश के गृह मंत्री बने। केन्द्रीय मंत्री मंडल में रेल मंत्री बने तथा नेहरूजी की मृत्यु के बाद प्रधानमंत्री का पद ग्रहण किया।

शास्त्रीजी का जीवन कर्ममय रहा है। कभी-कभी तो ये काम में इतने तल्लीन हो जाते थे कि भोजन करना भी भूल जाते थे। असम्भव दिखने वाला कार्य जब शास्त्री को दिया जाता, तो वे उनके परिश्रम से उसे सहज सम्भव बना देते थे।

प्रधानमंत्री होते हुए भी उनके पास स्वयं का मकान भी नहीं था। उन्होंने प्रधानमंत्री बन कर भी किश्तों पर कार खरीदी थी।

किसी ने क्या खूब कहा है—

मत सोच के तेरा सपना पूरा नहीं होगा
हिम्मतवालों का इरादा कभी अधूरा नहीं होगा
जिस इनसान के कर्म अच्छे होते हैं
उसके जीवन में कभी अँधेरा नहीं होगा।

विपत्ति की पाठशाला ने बनाया विल्सन को राष्ट्रपति

अमेरिका के राष्ट्रपति विल्सन से किसी पत्रकार वार्ता में एक पत्रकार ने पूछा—"मिस्टर विल्सन, आपने किस पाठशाला में शिक्षा पाई थी?"

विल्सन ने मुस्कराते हुए उत्तर दिया—"विपत्ति की पाठशाला में।"

दस वर्ष की आयु तक बच्चे कक्षा चार उत्तीर्ण कर लेते हैं, पर अभागे विल्सन को भरपेट भोजन मिलना भी कठिन था। कक्षाएँ तो बेचारा क्या उत्तीर्ण

करता? बीस वर्ष की आयु तक विल्सन ने बोझा ढोया, लकड़ियाँ काटीं, बैल हाँके, जंगलों में घूमा, होटलों में बर्तन साफ करने का काम किया। प्रात:काल से सांध्यकाल तक उसे परिश्रम ही परिश्रम करना पड़ा। इस श्रम साधना के बदले उसे जो थोड़े-से रुपए मिले, उसका उपयोग उसने आत्मशक्तियों के विकास में किया—सिनेमा या थियेटर देखने में या जिह्वा के स्वाद में नहीं। पैसों के अभाव में समय गुजार रहे विल्सन कहते थे—तब मुझे एक डॉलर ऐसा लगता था जैसे चन्द्रमा जैसा प्यारा और बहुत आकर्षक वस्तु हो।"

विल्सन ने अनुभव किया कि शिक्षा और बौद्धिक क्षमता के अभाव में लोग आगे नहीं बढ़ पाते। इसके लिए पढ़ना जरूरी है। अत: उसने 11 महीने काम और एक महीना पढ़ाई की। अपनी आजीविका भी जुटाई और ज्ञान भी बढ़ाया। अध्यवसायी जीवन, ईमानदारी और चरित्र ने उसे दृढ़ता और शारीरिक शक्ति दी। इस प्रकार उसने अभावों, अशक्तियों और अज्ञान के तीन दरवाजे बन्द किए और प्रगति का मार्ग प्रशस्त किया।

आखिरकार विल्सन की यह संघर्ष शक्ति और परिश्रमशीलता काम आई। वे जिस क्षेत्र में बढ़े, लोगों ने सम्मान दिया। कर्मठ, संघर्षशील और चरित्रवान व्यक्ति ही लोक नेतृत्व में सफल होते हैं, यही विल्सन के साथ हुआ। विल्सन अन्त में अमेरिका के लोकप्रिय नेता बन गए। देश ने उन्हें राष्ट्रपति के अति सम्माननीय पद पर प्रतिष्ठित किया। वास्तव में यह प्रतिष्ठा विल्सन के गुणों की थी, जिनका विकास उन्होंने विपत्ति की पाठशाला में किया।

किसी ने ठीक कहा है—

इस कर्मभूमि में फल के लिए
श्रम सभी को करना पड़ता है
ईश्वर सिर्फ लकीरें देता है
रंग हमें भरना पड़ता है।

सफलता के उच्चतम शिखर पर पहुँचे कुछ और व्यक्तियों के उदाहरण

डिमास्थेनस सिकलीगर परिवार में जन्मा था। उसका पिता छुरी, चाकू बनाकर अपनी आजीविका चलाता था, किन्तु डिमास्थेनस के व्याख्यानों को आज भी याद किया जाता है।

अपने ढंग की बेजोड़ कथाओं का रचनाकार ईसप एक काला-कलूटा, कुरूप गुलाम था। इसी प्रकार विख्यात पुस्तक 'डान क्विस्कोट' का लेखक बैटेस सेना का साधारण सिपाही था।

अंग्रेजी का महान कवि कीट्स एक साधारण साईस का पुत्र था। उसने अपने जीवन की शुरुआत में दवा विक्रेता के यहाँ नौकरी से की थी।

होमर की कृतियों का अनुवादक एलेक्जेण्डर पोप छोटे-से दुकानदार का पुत्र था।

स्कॉटलैंड के राष्ट्र कवि रॉबर्ट वर्नस ने अपने जीवन की शुरुआत हलवाई के रूप में की।

'पामेचा' और 'कौरमा' जैसे रोमांटिक उपन्यासों के लेखक सैमुए रिचर्डसन के पिता मामूली बढ़ई थे।

अमेरिका की खोज करने वाला कोलम्बस जुलाहा था। रिचर्ड आर्क राइट बहुत दिनों तक हज्जाम का कार्य करते रहे।

विख्यात वकली ब्लैक स्टोन बुनकर का पुत्र था।

नेत्रहीन कवि होमन यूनान का भिखारी था, किन्तु अपनी कृति से आज भी अमर है। इसी तरह रोम का विर्जिल जिसनें 'महाकवि' के नाम से प्रसिद्धि प्राप्त की, एक साधारण बावर्ची का पुत्र था।

महापुरुषों एवं सफलता के उच्चतम पायदानों पर पहुँचे व्यक्तियों के उपर्युक्त उदाहरण एवं जीवनियाँ हमें यही सिखाती हैं कि संसाधनों का अभाव अथवा कमी किसी व्यक्ति की प्रगति को नहीं रोक सकती जहाँ चाह होती है वहाँ राह तो स्वयं ही निकल आती है।

सुप्रसिद्ध विद्वान विलियम कावेट ने अपनी आत्मकथा में ठीक ही लिखा है कि प्रतिकूलताएँ मनुष्य के विकास में सबसे बड़ी सहचरी हैं। आज मैं जो भी बन पाया हूँ, यह विपन्न परिस्थितियों के कारण ही सम्भव हो सका है।

18

दुनिया में कोई अपंग नहीं—देखिए उदाहरण

मनुष्य केवल शरीर ही नहीं है। शरीर का एक अंग अक्षम हो जाने से वह हताश हो जाए, यह बहुत बड़ी भूल है। आत्मा और मन की अपरिमित शक्ति पर विश्वास करने वाले कभी शारीरिक अपंगता को स्वीकार नहीं करते। एक नहीं, अनेकों व्यक्तियों ने अपने जीवन में उदाहरण प्रस्तुत कर दिखाए है कि जिस व्यक्ति का शरीर अक्षम है, आँखें नहीं, आधा अंग पक्षाघात से जाता रहा, सुन और बोल नहीं सकता, ऐसे लोग भी आत्मा के प्रकाश से प्रकाशित होकर लाखों लोगों के जीवन के प्रेरणास्त्रोत बनकर उनके जीवन में सुप्रभाव ला सके हैं। जिन्होंने हार को जीत में, हानि को लाभ में, रास्ते के ऊबड़-खाबड़ पत्थरों को सफलता की सीढ़ियों में बदल दिया, ऐसे लोग दुखी और उदास होने से इनकार कर देते हैं। उदासी और असफलता को अपने ऊपर हावी नहीं होने देते और अपनी कमियों को खूबियों में बदल देते है। ऐसे ही लोगों ने अपने कार्यों से यह सिद्ध कर दिखाया कि दुनिया में कोई भी विकलांग नहीं है। ऐसे ही कुछ लोगों की प्रेरणादायक जीवनियाँ प्रस्तुत हैं।

ईश्वर एक दरवाजा बन्द करता, तो दूसरा तुरन्त खोल देता है

27 जून, 1880 में जन्म लेने वाली हेलेन केलर 6 माह की आयु में ही घुटनों चलने लगी और एक वर्ष की होने पर बोलने लगी। जब वह 19 माह की हुई तो फूल जैसी कोमल थी, हर दृष्टि से स्वस्थ। एक दिन साधारण-सा ज्वर आया ज्वर कुछ दिनों बाद चला गया, पर उसे नेत्रहीन तथा बधिर बना गया। केलर ने अपनी असमर्थता को देखा तो छटपटाने लगी। माता-पिता अपनी लाड़ली बेटी की यह दुर्गति देखकर अत्यन्त दुखी हुए।

एक दिन केलर की माँ बैठे-बैठे समाचार पढ़ रही थी कि उसकी नजर बोस्टन की पर्किंस संस्था पर पड़ी। उन्होंने पूरा विवरण पढ़ा तो उनकी प्रसन्नता का ठिकाना न रहा। अखबार अलग कर उसने अपनी 6 वर्षीय केलर को अपनी ओर खींच कर उसका माथा चूमा और बोली—"बेटी, अब तेरा सौभाग्य उदय होने वाला है। मैं तुझे बोस्टन ले जाऊँगी।"

केलर के जीवन में बोस्टन आकर परिवर्तन प्रारम्भ होने लगा। उसकी शिक्षा प्रारम्भ हो गई और तीन वर्ष में ही उसे सारी दुनिया के लोग जान गए। वह सारे संसार में 6 बार घूमी और विकलांग व्यक्तियों के प्रति सहानुभूतिपूर्ण वातावरण निर्मित किया। उन्होंने प्रत्येक देश से करोड़ों रुपए की धनराशि इकठ्ठी की और विकलांग लोगों के लिए अनेक संस्थाएँ स्थापित कीं। देश की अनेक विभूतियों से भी उनकी भेंट हुई थी। रवीन्द्रनाथ टैगोर और पूर्व प्रधानमंत्री पं. जवाहरलाल नेहरू से मिलने पर वह बहुत प्रभावित हुई। केलर की मस्तिष्क शक्ति इतनी जागरूक थी कि आगन्तुक की पदचाप से ही वह बहुत कुछ बता देती थी। बोलने वाले के कंठ और अधरों को स्पर्श कर उस शब्द को पहचानती थी, साथ ही स्वयं उच्चारण भी करती थी।

हेलेन केलर ने नेत्रहीन तथा नेत्रवान नर-नारियों के सम्मुख अपना उदाहरण प्रस्तुत करके कहा—

दृढ़ संकल्प वह महान शक्ति है, जो मानव की आन्तरिक शक्तियों को विकसित कर प्रगति के पथ पर ला खड़ा करती है।

हेलेन केलर का यह कथन भी महत्त्वपूर्ण है—

ईश्वर हमारे लिए एक दरवाजा बन्द करता है तो दूसरा तुरन्त खोल देता है, परन्तु हम उस बन्द दरवाजे को ही ताकते रहते है।

81 वर्ष की आयु में हृदय का दौरा पड़ जाने के कारण उनकी मृत्यु हो गई, पर उनके जीवन की विपदाओं भरी अद्भुत कहानी प्रत्येक मानव को प्रेरणा देती रहेगी और दृढ़ संकल्प का महत्त्व बताती रहेगी। किसी ने ठीक कहा है—

बाधाएँ कब बाँध सकी हैं, आगे बढ़ने वालों को
विपदाएँ कब रोक सही है, मरकर जीने वालों को॥

साहस और इच्छा शक्ति की महिमा

अमेरिका के बेथलहम शहर में एक अश्वेत परिवार में सन् 1940 में विल्मा रूडोल्फ का जन्म हुआ। जन्म के साथ ही त्रासदियाँ उससे जुड़ गईं। पोलियो, खसरा, डबल निमोनिया और काला ज्वर जैसी भयानक बीमारियों की गिरफ्त में वह फँस गई। सभी डॉक्टरों ने यह कह दिया कि अब यह लड़की जिन्दगी भर कभी अपने पैरों पर नहीं चल पाएगी।

जब उनकी माँ को डॉक्टरों ने यह खबर दी कि विल्मा अब कभी चल नहीं पाएगी, तो एक क्षण के लिए वे उदास हो गई, लेकिन दूसरे ही क्षण उसके मन में विचार आया कि मेरी बच्ची जिन्दगी भर जमीन पर रेंगे, यह कैसे हो सकता है? मैं अपनी बच्ची के साथ ऐसा नहीं होने दूँगी।

माँ के इस फैसले से परिवार के सभी लोगों ने साथ दिया और यहाँ से शुरू हुई उस त्रासदी से लड़ने की कहानी। वह गरीब माँ अपनी बच्ची को 50 मील दूर स्थित अस्पताल में सप्ताह में दो बार इलाज कराने के लिए ले कर जाने लगी, क्योंकि उसके शहर में स्थित अस्पतालों के डॉक्टरों ने एक अश्वेत लड़की का इलाज करने से मना कर दिया था। ऐसा उसने दो वर्षों तक किया जब तक कि विल्मा स्टील के बने लेग ब्रेस की सहायता से चलने के काबिल नहीं बन गई।

माँ का विश्वास था कि विल्मा एक दिन जरूर चलेगी, न केवल चलेगी, बल्कि दौड़ेगी भी। विल्मा ने भी अपनी माँ के विश्वास पर खरा उतरने के लिए दोगुने उत्साह से प्रयास शुरू कर दिए। वैसे भी वह शारीरिक रूप से जरूर अपंग थी, लेकिन मानसिक रूप से उतनी ही दृढ़ता उसके स्वभाव में थी। एक आम मरीज की तरह उसे भी तकलीफ होती थी, लेकिन वह साहस नहीं खोती थी। वह बार-बार गिरती और उठकर चलने का प्रयास करती। उसे चोटें भी आतीं, लेकिन उसने दर्द को कभी अपने ऊपर हावी नहीं होने दिया।

इसी के चलते 11 वर्ष की उम्र तक आते-आते उसने अपने लेग ब्रेस को उतार फेंका। शीघ्र ही वह अपने पैरों पर चलने लगी। यहाँ तक कि 14 वर्ष की उम्र में वह एक स्पोर्ट्स क्लब की सदस्य बन गई। वहाँ के कोच ने

उसे टीम में तीन वर्ष तक स्थान नही दिया, क्योंकि वह उसे अपंग समझता था। उसने यहाँ भी हार नहीं मानी। अन्ततः विल्मा की इच्छा शक्ति के आगे वह झुका और जल्द ही वह उस क्लब की सितारा खिलाड़ी बन गई, लेकिन विल्मा का सपना तो कुछ और ही था। उसे तो एथलीट बनना था। उसने दौड़ना शुरू कर दिया। शुरुआत में वह सबसे पीछे रह जाती, लेकिन निरन्तर प्रयासों के बाद वह आगे रहने लगी।

एक दिन टेनेसी स्टेट यूनिवर्सिटी ने उसे ट्रेनिंग कैम्प में शामिल होने के लिए बुलाया। यहाँ उसे अपना गुरु मिल गया, ट्रेनिंग कैम्प के कोच एड टैम्पल के रूप में। कहते हैं, एक बार गुरु मिल जाए तो व्यक्ति फिर पीछे मुड़ कर नहीं देखता। इसके बाद विल्मा ने भी कभी पीछे मुड़कर नहीं देखा। उसके कठोर परिश्रम की परिणति थी 1960 का रोम ओलम्पिक, जहाँ पर विल्मा ने 100 व 200 मीटर की दौड़ और 400 मीटर की रिले दौड़ में स्वर्ण पदक जीते।

इस तरह वह अमेरिका की पहली एथलीट बनी, जिसने एक ही ओलम्पिक में तीन स्वर्ण पदक जीते हों। जो लड़की कभी अपनी पैरों पर खड़ी नहीं हो पाती थी, उसी लड़की के ओलम्पिक से लौटने पर पूरा अमेरिका उसके स्वागत के लिए खड़ा था। इसी को कहते हैं साहस और इच्छा शक्ति की महिमा, जिसके सहारे व्यक्ति त्रासदी को उत्साह में बदल सकता है। विल्मा ने यह कर दिखाया। उसने दुनिया को एक उदाहरण दे दिया कि परिस्थितियाँ कैसी भी हों, उससे हार नहीं माननी चाहिए।

किसी ने ठीक ही कहा है—

उन्हें ही ताज मिलते हैं, उन्हीं को तख्त मिलते हैं,
जो मंजिल तक पहुँचने के इरादे सख्त रखते हैं।
कठिन राह कितनी भी, कभी हार न माने जो
मिलेगी ही हमें मंजिल यकीं हर वक्त रखते हैं।

प्रेरणा की ज्योति स्तम्भ—तोमीहिरो होशीनो की कहानी

ईश्वर ने हमारे मस्तिष्क में अलौकिक शक्तियों का असीमित भंडार दिया है और संकल्प शक्ति व आत्मविश्वास उस भंडार की कुंजी है। तोमीहिरो

होशीनो की सच्ची कहानी इस बात का स्पष्ट प्रमाण है। यह प्रेरणादायक कहानी आपके अन्दर के हनुमान को जगा, सफलता प्राप्ति की ओर अग्रसर कर सकती है।

तोमीहिरो होशीनो ताकासाकी शहर के कुरागानो जूनियर हाईस्कूल में खेल प्रशिक्षक थे। 17 जून 1970 को कलाबाजी सिखाने के प्रयास में सिर के बल गिरे और उनकी गर्दन टूट गई।

कुछ ही दिनों में इस दुर्घटना के परिणामस्वरूप तमाम अंगों की हरकतें प्रभावित हो गईं। उनके शरीर में सिर्फ ठुड्डी ही ऐसा अंग था, जिसे वे अपनी इच्छानुसार घुमा सकते थे। कुछ दिनों में वे बिजली से चलने वाली व्हील चेयर को ठुड्डी की हरकत से चलाते और दाएँ-बाएँ मोड़ने लगे।

जीवट इच्छा शक्ति के बावजूद 9 दिसम्बर को डॉक्टरों ने कहा कि इनके तमाम मित्र, परिजनों को तुरन्त बुला लीजिए, इनका अन्त आ पहुँचा है, परन्तु जिजीविषा की जीत हुई।

अस्पताल में ही 1972 में उन्होनें दाँतों की मदद से नमदे की नोकवाली कलम से लिखने का अभ्यास शुरू किया और फिर चित्र बनाने का। उन्होंने 7 महीनों में अपनी दर्द भरी आत्मकथा—'प्रेम नरक की गहराइयों में' (अई फूकाकीफूची यीही) लिखी। मई 1979 में उनके बनाए 60 चित्रों की प्रदर्शनी लगाई गई। लोगों की टोलियाँ छोटी-छोटी बसों में उमड़ी पड़ती थीं। प्रदर्शनी में भारी भीड़ बनी रहती थी। उनके साठों चित्र बिक चुके थे। अखबारों के साथ-साथ एक टेलीविजन कम्पनी ने उन्हें हरदिल अजीज बना दिया।

अप्रैल 1981 में उन्होंने चित्रकारी की प्रेरणा देने वाली मसाको बातानेव से शादी कर ली। 1982 में तोमी हिरो की दूसरी पुस्तक *काजे नो ताबी* (पवन का सफर) प्रकाशित हुई। उनके चित्र एवं लेख पत्र-पत्रिकाओं में छपते रहते हैं।

अस्पताल में भर्ती रहते हुए 1976 में उन्होंने जो छोटी-सी कविता लिखी थी, वह न केवल रोगियों, बल्कि उन स्वस्थ व्यक्तियों के लिए भी प्रेरणा का ज्योतिस्तम्भ है, जो जीवन के संघर्षों से हार मान कर निराशा में खुद को डुबो देते हैं।

किसी शायर ने क्या खूब कहा है—

नकारात्मक होने से बात बिल्कुल बनती नहीं,
बिना खतरे के बड़ी कामयाबी मिलती नहीं
खतरे उठाने की तैयारी जितनी होगी
मंजिल से दूरी उतनी ही कम होगी।

दुनिया में कोई विकलांग नहीं है

'बिग बैग' थ्योरी के प्रसिद्ध वैज्ञानिक प्रोफेसर स्टीफन विलियम हॉकिंग का नाम भौतिक विज्ञान के क्षेत्र में बड़े ही सम्मान से लिया जाता है। उनका जन्म 8 जनवरी, 1942 के ऑक्सफोर्ड, इंग्लैंड में हुआ था।

वे बोल नहीं सकते, हाथ नहीं, केवल दो उँगलियों से काम करते थे। वे चल भी नहीं सकते थे। 21 वर्ष की आयु में उन्हें डॉक्टरों ने बता दिया कि उन्हें न्यूरोन नामक लाइलाज बीमारी है और अब वे दो-तीन वर्ष और जीवित रह सकते हैं, लेकिन वे अभी तक जिन्दा हैं और लगातार परिश्रम करते हुए भौतिक विज्ञान के क्षेत्र में दिनोंदिन ऊँचाइयाँ प्राप्त करते जा रहे हैं। उनके द्वारा लिखित पुस्तक *Brief History of Times* में उनके संघर्ष के बारे में जान कर आपको कँपकँपी छूट जाएगी। इसके बावजूद भी उन्होंने हार स्वीकार नहीं की। उन्होंने *Black Holes* के बारे में भी विज्ञान जगत् को मौलिक ज्ञान उपलब्ध कराया है। स्टीफन हाकिंग स्वयं का कहना है, "मैं बीमारी के कारण ही एक सफल वैज्ञानिक बन पाया। मेरी अक्षमताओं के कारण ही मेरे दिल में एक जुनून जागा और मुझे मेरे शोध के बारे में सोचने का समय मिला। भौतिकी पर किए गए मेरे अध्ययन ने यह सिद्ध कर दिखाया कि दुनिया में कोई भी विकलांग नहीं है।"

स्टीफन हाकिंग के जीवन पर किसी शायर की ये पंक्तियाँ अच्छी तरह लागू होती हैं—

यूँ ही नहीं मिलती राही को मंजिल
एक जुनून दिल में जगाना होता है
पूछा चिड़िया से कैसे बना आशियाना
तो बोली भरना पड़ती है उड़ान बार-बार
तिनका-तिनका उठाना होता है।

मंजिल मिल ही जाती है

इटली के सुप्रसिद्ध खिलाड़ी रे एवरी बचपन से दुबला-पतला तो था ही, साथ ही अपंग भी था। वह अपने पैरों से चल भी नहीं सकता था। डॉक्टरों का मत था कि इसकी अपंगता किसी प्रकार के इलाज से दूर नहीं की जा सकती। डॉक्टरों ने केवल पैरों के व्यायाम और मालिश की सलाह दी थी।

रे एवरी का चलना, फिरना, घूमना व्हील चेयर पर होता था, लेकिन बाद में उसके साहस, उत्साह और आत्मविश्वास की शक्ति ने उसे न केवल अपने पैरों पर खड़ा कर दिया, वरन् वह कूदने भी लगा। ऊँची कूद में उसने इतनी दक्षता प्राप्त कर ली कि लोगों को ऐसा प्रतीत होता था कि मानो उसके पैरों में स्प्रिंग लगे हों।

इस अपंग युवक ने सेंटलुइस और पेरिस में ऊँची कूद, लम्बी कूद और तिहरी कूद में स्वर्ण पदक प्राप्त कर यह सिद्ध कर दिया कि शारीरिक कमियों को भी आत्मिक बल और बुलन्द हौसले से दूर कर मनचाही मंजिल तक पहुँचा जा सकता है। इसीलिए कहा जाता है—

गर हौसला बुलन्द हो तो
मंजिल मिल ही जाती है।
तू चले एक कदम तो
वह दो कदम चली आती है।

हिम्मते मर्दा मदद ए खुदा

अमेरिका के राष्ट्रपति रहे फ्रेंकलिन डी. रूजवेल्ट के राजनैतिक जीवन का श्री गणेश 1910 में हुआ, जब उन्होंने 'डेमोक्रेटिव पार्टी' के उम्मीद्वार के रूप में अपने क्षेत्र की वह सीट जीत ली, जिस पर 'रिपब्लिकन पार्टी' के उम्मीद्वार ही जीतते आ रहे थे।

अगस्त 1921 में वे कमर के नीचे पूरी तरह अपाहिज हो गए, अत: चलने-फिरने से मोहताज हो गए। उन्हें देख सभी लोगों को ऐसा लग रहा था कि उनका राजनैतिक जीवन अब समाप्त हो जाएगा, लेकिन उन्होंने अपने आपको अपाहिज मानने से इनकार करते हुए संकल्प लिया कि वे फिर से

चलकर दिखा देंगे और अपना राजनैतिक जीवन यथावत् बनाए रखेंगे। उन्होंने जर्जिया के वार्म स्प्रिग्स में गर्म पानी के स्रोतों में स्नान कर तथा पीड़ादायी व्यायाम कर अपनी स्थिति में इतना सुधार कर लिया कि एक वर्ष बाद वे बैसाखियों के सहारे चलने लगे और इसके दो साल बाद 'लेग आयरन' की सहायता से चले।

1932 में वे अमेरिका के राष्ट्रपति बन गए और लगातार चार बार राष्ट्रपति चुने गए। वे अमेरिका के एकमात्र ऐसे राष्ट्रपति थे, जो चार बार राष्ट्रपति चुने गए। इसके बाद तो संविधान में संशोधन कर दिया गया कि कोई व्यक्ति दो बारे से अधिक राष्ट्रपति पद के लिए नहीं चुना जा सकता। फ्रेंकलिन डी. रूजवेल्ट अपाहिज होने के बाद यदि अपनी हिम्मत हार जाते, तो क्या वे कभी राष्ट्रपति बन पाते और क्या उनका नाम अमेरिका के इतिहास में स्वर्ण अक्षरों में अंकित हो पाता?

किसी शायर की निम्न पंक्तियाँ उन पर पूरी तरह लागू होती है—

रात ही रात में इतिहास बदल जाता है,
बात ही बात में विश्वास बदल जाता है
मुसीबतों को देख हिम्मत मत हार मेरे मन
धरा की क्या कहें, आकाश बदल जाता है।

सुधा चन्द्रन—एक जीवित किंवदन्ती

सुधा चंन्द्रन का जन्म भारत के केरल में 21 सितम्बर, 1964 को हुआ था। मात्र तीन वर्ष की आयु में सुधा चन्द्रन ने भारतीय शास्त्रीय नृत्य सीखना प्रारम्भ कर दिया। शीघ्र ही वह 'भरतनाट्यम', एक शास्त्रीय नृत्य की सबसे होनहार विद्यार्थियों में एक बन गई।

सुधा चन्द्रन उस समय मात्र 16 वर्ष की थी, जब उनके माता-पिता छुट्टियों में दक्षिण यात्रा की सैर पर गए। उनकी वापसी यात्रा के समय उनकी बस एक ट्रक से टकरा गई। यह एक भयानक दुर्घटना थी और इस दुर्घटना में सुधा के पैर की हड्डी टूट गई। दुर्भाग्यवश, खंडित पैर संक्रमित हो गया और अन्त में उसे काटना पड़ा।

अब वह चल भी नहीं सकती थी, डांस तो दूर की बात थी। बिस्तर पर

पड़े-पड़े वह अपने भाग्य को कोसती रहती। उसने एक दिन अखबार में देखा कि शहर में कोई डॉक्टर आया है, जो लकड़ी के पैर बनाता है। वह अपने माता-पिता के साथ डॉक्टर के पास गई। उसने डॉक्टर से पूछा कि डॉक्टर साहब, मैं चलने के साथ-साथ पहले की तरह डांस कर सकती हूँ? डॉक्टर ने कहा—मैं आपके लिए एल्युमीनियम का रोटेड होने वाला एक पैर बना दूँगा। उसकी मदद से आप चल सकती हैं और डांस कर सकती हैं, लेकिन इसके लिए आपको पहले से 10 गुना ज्यादा मेहनत करना पड़ेगी।

सुधा ने अपना नृत्य का सबक जारी रखा। कृत्रिम पैर के साथ यह कार्य बिलकुल भी आसान नहीं था। उनकी दृढ़ इच्छा शक्ति और कठिन परिश्रम का असर हुआ और अतिशीघ्र दर्शकों के सामने फिर से उन्होंने नृत्य करना प्रारम्भ कर दिया।

लगभग दो वर्ष बाद उसे मुम्बई के एक कार्यक्रम में बुलाया गया, लेकिन आयोजक इस बात के लिए तैयार नहीं थे कि किसी अपंग लड़की को अवसर दिया जाए। लेकिन किसी तरह बात बनी और उसे डांस का मौका दिया गया। जब सुधा ने डांस खत्म किया तो पूरा हाल तालियों की गड़गड़ाहट से गूंज उठा। अन्त में जब आयोजकों ने दर्शकों को सुधा के पैर के बारे में बताया तो पूरे हाल के लोग 20 मिनट तक तालियाँ बजाते रहे। अगले दिन सभी समाचार-पत्रों में सुधा चन्द्रन छाई रही। धीरे-धीरे उसकी प्रसिद्धि फैलती रही, वह लोकप्रिय हो गई।

उनकी जीवन कथा से प्रेरित होकर, 1982 में, 'मयूरी' नामक एक तेलुगू फिल्म निर्मित हुई। सुधा ने इस फिल्म में स्वयं अभिनय किया। तत्पश्चात् वर्ष 1986 में, इस फिल्म का 'नाचे मयूरी' के नाम से हिन्दी में पुनर्निर्माण किया गया। इसके पश्चात् भी सुधा ने अनेक फिल्मों में अभिनय किया। उनके द्वारा अभिनीत टी.वी. धारावाहिक का प्रसारण अनेक देशों में किया जा चुका है। अभी तक उसके 100 से अधिक स्टेज प्रोग्राम हो चुके हैं और अनेक राष्ट्रीय और अन्तर्राष्ट्रीय पुरस्कार मिल चुके हैं।

सुधा चन्द्रन का नाम एक अभिनेत्री अथवा नर्तकी की तुलना में बहुत ऊपर है—वह एक जीवित किंवदन्ती हैं।

दृढ़ इच्छा शक्ति, कठोर परिश्रम और हौसले के बल पर सुधा चन्द्रन ने असम्भव को भी सम्भव कर दिखाया। वह एक जीवित किंवदन्ती बन गई।

किसी ने ठीक ही कहा है—

लाख दलदल हो पाँव जमाए रखिए
हाथ खाली ही सही ऊपर उठाए रखिए।
कौन कहता है छलनी में पानी नहीं भर सकता।
बर्फ बनने तक हौसला बनाए रखिए।

19

भाग्य और पुरुषार्थ—जीत किसकी

जो व्यक्ति दृढ़ संकल्पी, निडर, विघ्न-बाधाओं से विचलित न होकर निरन्तर अपने लक्ष्य की ओर बढ़ता है, 'पुरुषार्थी' कहलाता है। पुरुषार्थी अपनी सफलताओं से एक नया इतिहास रचता है और दुनिया के सामने 'कर्म' का एक आदर्श प्रस्तुत करता है।

पुरुषार्थी व्यक्ति न तो कभी भाग्य का रोना रोता है और न ही परिस्थितियों को कोसता है। वह तो केवल अपने कर्तव्य पर आगे बढ़ता है और मार्ग में आने वाले हर पत्थर को सीढ़ी बना लेता है।

पुरुषार्थ से ही समस्त कार्य सफल होते हैं, मनोरथों से नहीं। किसी काम के बारे में कल्पना कर लेता ही पर्याप्त नहीं होता, उसके लिए पूरी मेहनत करनी पड़ती है। ऐसे लोग जो अपने भाग्य भरोसे बैठे रहते हैं, वे असफलता की तैयारी और अपनी शक्तियों को कुंठित कर देने के सिवाय कुछ भी प्राप्त नहीं कर पाते। सफलता प्राप्त करने वाले अपने साहस और पुरुषार्थ का सहारा लेकर चलते हैं। वे किसी का मुँह नहीं ताकते, भाग्य की कृपा या अवसर की प्रतीक्षा में नहीं बैठते। जो काम हाथ में लेते हैं उसे प्राणपण से पूरा करने में जुट जाते हैं। चाहे कितनी ही बाधाएँ उनके मार्ग में आएँ, वे आगे बढ़ते ही जाते हैं। बहानेबाजी आलसियों का अवलम्बन है। जो काम करने से जी चुराते हैं, वे भाग्य और अवसर तथा किसी के सहारे की आशा लगाए बैठे रहते हैं।

संसार में जब भी, जहाँ भी, जिसने असाधारण सफलता प्राप्त की है, वह केवल पुरुषार्थ द्वारा अर्जित है। पुरुषार्थ सफलता का जनक है।

पुरुषार्थी के शब्दकोश में 'असम्भव' और 'नामुमकिन' जैसा कोई शब्द नहीं होता। अपने हर सपने को हकीकत में बदलने के लिए उनका चिन्तन

हमेशा आशावादी और सकारात्मक होता है। वे सोचते हैं—I can, I must, I will मैं कर सकता हूँ, मुझे करना चाहिए, मैं करूँगा। उन्हें पता होता है कि जितना बड़ा पैर होता है, जूता उससे बड़ा चाहिए। लक्ष्य जितना बड़ा हो, मेहनत भी उतनी ही बड़ी चाहिए और समय भी उतना ही ज्यादा। जो लोग जिन्दगी में कामयाबी चाहते हैं, वे किसी प्रकार का बहाना कभी नहीं बनाते।

भाग्यवादी नहीं, कर्मवादी बनिए

मनुष्य कर्म पर विश्वास कर कठिन लक्ष्य को भी सरलता से पा सकता है। मंजिल कितनी ही दूर क्यों न हो, पथ कितना ही दुर्गम क्यों न हो, यदि पुरुषार्थी मनुष्य लक्ष्य निर्धारित कर उसी दिशा में कर्म करता रहे तो सफलता उसके कदम जरूर चूमती है। अकर्मण्य मनुष्य अपनी असफलता और आलस्य पर पर्दा डालने के लिए भाग्य को दोष देते हैं। भाग्य भी उन्हीं का साथ देता है, जो कर्म पर विश्वास करते हैं। पुरुषार्थी मनुष्यों पर ही भाग्य की कृपादृष्टि होती है। परिश्रम के पसीने से सींचकर जीवन में सफलता के सूर्यमुखी खिलाए जा सकते हैं।

किसी ने क्या खूब कहा है—

> *कर्म एक ऐसा रेस्टोरेंट है, जहाँ ऑर्डर देने की जरूरत नहीं है।*
> *हमें वही मिलता है जो हमने पकाया है।*

हमारे धार्मिक ग्रंथों में भी कर्म को महत्त्व दिया गया है। 'गीता' का सारांश भी यही है कि फल की चिन्ता किए बिना लगातार कर्म किए जाने चाहिए। भगवान कृष्ण स्वयं कर्मयोगी थे। भगवान राम को भी अपनी सफलताओं के लिए प्रयत्न करने पड़े। जो युवक धर्म में विश्वास रखते हों, उन्हें चाहिए कि वे अपने आराध्यों की मूर्तियों को पूजने के साथ-साथ उनके जीवन से प्रेरणा लेकर कर्मवीर बनें।

भर्तृहरि ने अपने 'नीति शतक' में कहा है—

> *धर्म हो या अध्यात्म, विज्ञान हो या दर्शन, नास्तिक हो या आस्तिक*
> *—कर्म को निर्विवाद अनिवार्य माना है।*

बहुत देर हो गई, हनुमानजी नहीं आए

एक दिन एक गाड़ीवान अपनी गाड़ी से कहीं जा रहा था। रास्तें में एक जगह कीचड़ था। कीचड़ में गाड़ी के पहिए फँस गए। बैल उसे खींच नहीं पा रहे थे। गाड़ीवान गाड़ी में बैठे-बैठे ही जोर-जोर से अपने आराध्य हनुमानजी का पाठ करने लगा। पाठ करते बहुत देर हो गई, पर हनुमानजी नहीं आए। किसान झल्लाने लगा और भले-बुरे शब्द कहने लगा। उसी समय एक अन्य किसान पास के अपने खेत से जा रहा था। उसने यह दृश्य देखा और कहा—"मूर्ख, हनुमानजी तो पर्वत उखाड़ लाए थे। समुद्र कूद गए थे। तू उनका भक्त बनता है, तो कीचड़ में उतर कर पहिए को जोर क्यों नहीं लगाता? गाड़ी धकेले जाने पर ही बैल उसे निकालने में समर्थ हो सकेंगे।

अन्धविश्वासी भक्त चेता। उसे अपनी भूल प्रतीत हुई। वह कीचड़ में उतरा और हनुमानजी को याद करते हुए उसने पहियों को जोर लगाया। गाड़ी आगे चली और कीचड़ से पार हो गई।

प्रत्येक व्यक्ति को चाहिए कि वह भाग्यवादी न बनकर कर्मवादी बने। भाग्य भी उसी का साथ देता है, जो कर्म करते हैं, प्रयत्न करते हैं।

गोस्वामी तुलसीदास जी ने भी कहा है—

कर्म प्रधान विश्व रचि राखा, जो जस करहि तस फल पावा।

'कर्म' के बारे में में किसी ने बहुत सरल शब्दों में कहा है—

कर्म करो तो फल मिलता है
आज नहीं तो कल मिलता है।
जितना गहरा अधिक हो कुआँ
उतना मीठा जल मिलता है।
जीवन के हर प्रश्न कठिन का
जीवन से ही हल मिलता है।

'ज्ञान' के घोड़े पर कर्म की सवारी

ज्ञान और चिन्तन जीवन के सैद्धान्तिक पक्ष हैं। इसका व्यावहारिक पक्ष कर्मों के रूप में परिलक्षित होता है। जो भी तकनीकी एवं वैज्ञानिक सिद्धान्त हैं,

उनकी सत्यता की परख के लिए उन्हें व्यावहारिक क्षेत्र में क्रियाशील करना जरूरी है, जैसे एक कृषक खेती सम्बन्धी अपने ज्ञान को व्यवहार में लाते हुए खेत जोतने से लेकर फसल तैयार होने तक काम करता है, तभी उसे अपने श्रम का फल मिलता है।

कर्म की प्रधानता 'गीता' में भी बताई गई है। जिस प्रकार आत्मा के बिना शरीर निष्प्राण है, उसी प्रकार कर्म के बिना ज्ञान अधूरा ही नहीं, वरन् निष्प्राण है। फारसी की एक कहावत है कि इल्म (ज्ञान) एक घोड़ा है और उस पर सवारी (कर्म) है। घोड़ा चाहे जितना भी अच्छा क्यों न हो, यदि उस पर कोई सवारी न करे तो उसकी अच्छाई किस काम की?

राजा विक्रमादित्य के हाथ की रेखाएँ

राजा विक्रमादित्य के पास हाथ देखकर भाग्य बताने वाला एक ज्योतिषी पहुँचा। विक्रमादित्य के हाथ की रेखाएँ देखकर वह चिन्तामग्न हो गया। उसके शास्त्र के अनुसार तो राजा को दीन-दुर्बल और कंगाल होना चाहिए था, लेकिन वे तो सम्राट् थे, स्वस्थ थे। लक्षणों में ऐसी विपरीत स्थिति सम्भवतः उसने पहली बार देखी थी। ज्योतिषी की दशा देखकर विक्रमादित्य उसकी मनोदशा समझ गए और बोले कि बाहरी लक्षणों से यदि आपको सन्तुष्टि न मिली हो, तो छाती चीरकर दिखाता हूँ, भीतर के लक्षण भी देख लीजिए। ज्योतिषी बोला—"नहीं महाराज, मैं समझ गया कि आप निर्भय हैं, पुरुषार्थी हैं, इसीलिए आपने परिस्थितियों को अपने अनुकूल बना लिया है और भाग्य पर विजय प्राप्त की है। यह बात आज मेरे समझ में आ गई कि पुरुषार्थी मनुष्य में हाथ की रेखाओं को बदलने का सामर्थ्य होता है।"

'अथर्ववेद' में कहा गया है कि पुरुषार्थ मेरे दाएँ हाथ में है और सफलता मेरे बाएँ हाथ में। इसका सीधा अर्थ यह है कि भाग्य के भरोसे वही व्यक्ति बैठा रहता है, जो कर्म को जीवन का उद्देश्य नहीं बनाता। कर्मशील व्यक्ति पुरुषार्थ से भाग्य को भी बदल देता है।

पुरुषार्थ ही जीवन है। इसका अभाव ही मृत्यु है। पुरुषार्थहीन व्यक्ति जीवित रहते हुए भी मरे के ही समान होता है।

नेपोलियन की सफलता का राज

किसी व्यक्ति ने नेपोलियन से उनकी सफलता का राज पूछा। वह जानना चाहता था कि कौन-सी ऐसी दैवी शक्ति है, जिससे वे इतने असाधारण कार्य कर सके? नेपोलियन ने उस व्यक्ति को उत्तर दिया कि यदि हम पूरी ईमानदारी और समर्पण भाव से अपने लक्ष्य की प्राप्ति का संकल्प लें तथा उसे पूरा करने के लिए लगातार प्रयत्नशील रहें, तो सफलता में कोई सन्देह नहीं रह जाता। जिसे हम दैवी शक्ति मानते हैं, वह हमें प्रेरणा तो देती है, किन्तु लक्ष्य प्राप्ति तो हमें स्वयं ही करनी होती है और जब हम जी-जान से लग जाते हैं, तो संसार की कोई भी शक्ति हमें रोक नहीं सकती।

जो लक्ष्य आपको दूर से विराट् प्रतीत होता है, वह आपके लगातार प्रयत्नों से देखते ही प्राप्त हो सकता है। आप अपने कर्मों मे जितनी श्रेष्ठता लाएँगे, फल भी उतने ही श्रेष्ठ प्राप्त होंगे। ऊँचाइयों की प्राप्ति तब तक नहीं हो सकती, जब तक कि बुलन्द इरादे साधनायुक्त न हों। इतिहास साक्षी है कि व्यक्ति ने जब-जब जिन वर्गों में, जिस क्षेत्र में पराक्रम संजोया, वहाँ आशातीत सफलता प्राप्त हुई।

किसी ने ठीक ही कहा है—

आदमी को तरक्की पसन्द होना चाहिए
वक्त के साथ चलने को रजामन्द होना चाहिए।
सौगात हकीकतों की मंजिल छू लेंगे
इरादों की मिसाइल बुलन्द होना चाहिए।

अभी युद्ध न करें, सफलता नहीं मिलेगी

भारत में मुगल साम्राज्य की नींव डालने वाले बाबर के जीवन से जुड़ी एक महत्त्वपूर्ण घटना है। ज्योतिष के एक विशेषज्ञ ने आकर बाबर को सलाह दी कि अभी आप युद्ध न करें। इस समय युद्ध करने से आपको सफलता नहीं मिल सकती। बाबर ने उससे पूछा—"आपको यह कैसे जानकारी मिली?" उसने उत्तर में कहा—"मैं भविष्यकर्ता हूँ।" बाबर ने कहा—"फिर तो आप अपना भविष्य भी जानते होंगे। यह बतलाइए कि आप कितने वर्ष और जीवित रहेंगे?"

उस ज्योतिषी का उत्तर था—37 वर्ष। बाबर ने म्यान से तलवार निकाली तथा ज्योतिषी का सिर धड़ से अलग कर दिया और सैनिकों को सम्बोधित करता हुआ बोला—"जिसे अपने जीवन का अगला क्षण नहीं मालूम, ऐसे पाखंडी भविष्यवक्ता पर विश्वास नहीं किया जा सकता।" उल्लेखनीय बात यह है कि उस इतिहास प्रसिद्ध युद्ध में बाबर को सफलता मिली तथा ज्योतिषी की बात गलत सिद्ध हुई।

भाग्यवाद को प्रश्रय देने वाली फलित ज्योतिष मान्यताएँ हर दृष्टि से हानिकारक हैं। प्रचंड पुरुषार्थ के सहारे अभीष्ट प्रकार की सफलता प्राप्त कर सकना हर किसी के लिए सम्भव है।

बालक के भाग्य में विद्या नहीं है

प्रबल या दृढ़ इच्छा शक्ति रखने वाले अपने कार्य के प्रति संकल्परत रहते हैं। उनके संकल्प के सामने देव, दानव और यहाँ तक कि भाग्य भी समर्पण कर देता है। इस सन्दर्भ में उदाहरण प्रस्तुत हैं—

एक माता-पिता ने एक प्रकांड पंडित को अपने बालक का हाथ दिखाया। पंडित जी ने हाथ देखकर बड़ी निराशा से बताया कि बालक के भाग्य में विद्या नहीं हैं। यह सुनकर बालक ने पूछा, "महाराज, कहाँ होती है विद्या की रेखा? कृपया मुझे बताएँ", पंडितजी ने बालक के हाथ में संकेत से रेखा का स्थान बता दिया। उसी क्षण बालक एक तेज धार वाला चाकू लाया और उसकी नोक से एक गहरी रेखा हथेली पर खींच दी। खून की धारा बह चली। पंडितजी बालक के साहस से चकित हो उठे। उन्होंने बालक के साहस की सराहना करते हुए कहा—"चाकू से तो हाथ पर रेखाएँ नहीं बनती, लेकिन दृढ़ निश्चय से यह सम्भव है कि तुम विद्या प्राप्त कर सको।"

चूँकि बालक के मन में विद्या प्राप्त करने की दृढ़ इच्छा शक्ति विद्यमान थी, उसने उसी क्षण दृढ़ संकल्प से शपथ ली और भाग्य में विद्या न होने की घोषणा को मिथ्या सिद्ध कर, वह एक दिन महान् व्याकरणाचार्य बन गया। आप जानते हैं वह बालक कौन था? उसका नाम था—पाणिनि, जिन्हें विश्व में संस्कृत के महान् व्याकरणाचार्य के नाम से जाना जाता है।

याद रहे, पुरुषार्थी व्यक्ति ही लक्ष्य अथवा कार्य की पूर्ति करने का संकल्प

दृढ़ता के साथ ले सकता है। संकल्प वह आत्मबल प्रदान करता है, जिससे सफलता का मार्ग स्वयं प्रशस्त होता जाता है।

अकसर लोग गलत चिन्तन और अकर्मण्यता के कारण भाग्य के भरोसे बैठे रहते हैं, उसकी मनौतियाँ करते रहते हैं, किन्तु भाग्य की अपनी कोई स्वतंत्र सत्ता नहीं है। भाग्य मनुष्य को परवश पशु की तरह ही हाँकता है। हमारा पूर्व पुरुषार्थ ही आज का भाग्य बनकर आता है और आज का पुरुषार्थ भाग्य रेखाएँ खींचता है।

पुरुषार्थी बनें और विजयश्री प्राप्त करें

वेद भगवान का कथन है—

कृत मे दक्षिणे हस्ते, जयो मे सव्य आहित:।
गोजिद्द भूयासमश्वजिद् धनंजवो हिरण्यजित:॥

हे मनुष्य! तू अपने दाहिने हाथ से पुरुषार्थ कर, बाएँ में सफलता निश्चित है। गोधन, अश्वधन, स्वर्ण आदि को तू स्वयं अपने परिश्रम से प्राप्त कर।

भाग्य के भरोसे विकलांग मत बनिए

क्रान्तिकारी संत श्री तरुणसागर जी का कथन है—भाग्य के भरोसे मत बैठिए, उठिए और कर्म करिए। आखिर आज का कर्म ही तो कल का भाग्य बनता है। ईश्वर पर भरोसा तो रखिए मगर ईश्वर के भरोसे मत बैठिए। जो लोग ईश्वर के भरोसे हाथ पर हाथ धरकर बैठ जाते हैं, वे अपने तन-मन को कमजोर करते हैं। वे सोचते हैं - वही होगा जो ईश्वर की मर्जी होगी। उसकी मर्जी के बिना एक पत्ता भी नहीं हिल सकता। ये क्षीण विचार अपने दिलो-दिमाग से बाहर निकाल फेंकिए। ये वो विचार हैं जो अच्छे खासे सेहतमंद व्यक्ति को मानसिक तौर पर विकलांग बना देते हैं।

ठीक ही कहा गया है—

भाग्य के दरवाजे पर सर पीटने से बेहतर है कि कर्मों का तूफान पैदा करें, सारे दरवाजे खुल जाएँगे।

पंजाब के संत फरीद की मशहूर उक्ति है—

उठ फरीदा उद्यम कर,
बैठिया देवे कौन
उद्यम से प्रारब्ध है
ज्यों पंखा विच पौन।

फरीद कहते हैं कि उठो और पुरुषार्थ करो। बैठे-बैठाए तुम्हारा उद्देश्य कैसे पूरा होगा? पुरुषार्थ से ही भाग्य का निर्माण होता है।

भाग्य और पुरुषार्थ

भाग्य आपको ऊँचाई पर जाने के लिए लिफ्ट दे सकता है, परन्तु पुरुषार्थ आपके लिए सीढ़िया तैयार करता है लिफ्ट आपको बीच में ही छोड़ सकती है, लेकिन सीढ़ियाँ आपको ऊँचाई तक पहुँचा के ही रहती हैं।

20

सफलता के लिए कोई बहाना अब नहीं चलेगा

जिन व्यक्तियों ने अविश्वसनीय कार्य कर बड़ी सफलता पाई, सफलता पाने के पूर्व दूसरे लोगों ने उनकी जम कर हँसी उड़ाई, निन्दा की, यहाँ तक कि पागल, बेवकूफ, उल्लू तक कहा, उनमें से कुछ उदाहरण इस प्रकार हैं—

थॉमस एडिसन ने जब बिजली का बल्ब बनाने की योजना लोगों को बताई, तब लोगों ने उसे **पागल** कहा था।

अलेक्जेंडर ग्राहम बेल ने जब टेलीफोन बनाने की बात सुनाई, तो लोगों ने उसे बेवकूफ कहा था।

राइट ब्रदर्स ने हवाई जहाज बनाने की योजना बनाई, तब लोगों ने उन्हें पागल कहा था।

वॉल्ट डिजनी ने थीम पार्क के निर्माण के लिए जब आर्थिक सहायता माँगी थी, तब उसे ऋण देने के लिए कोई तैयार नहीं हुआ, क्योंकि लोग समझते थे कि डिजनी पागल हो गया है।

कोलम्बस ने जब घोषणा की कि दुनिया गोल है, तब लोगों ने उसे उल्लू कहा था।

निन्दा से घबरा कर आप अपने लक्ष्य को न छोड़ें, क्योंकि लक्ष्य मिलते ही निन्दा करनेवालों की राय बदल जाती है और आप निन्दनीय से वन्दनीय हो जाते हैं।

जब हम इतिहास में चर्चित व्यक्ति को देखते हैं, तो पाते हैं कि हर महान और उत्कृष्ट उपलब्धि इसलिए सम्भव हुई, क्योंकि उन व्यक्तियों ने संघर्ष कर उस काम को कर दिखाया, जिसे दूसरे लोग असम्भव समझ रहे थे। इसलिए कहा गया है—

जो व्यक्ति जीवन में संघर्ष से परिचित नहीं होता
इतिहास गवाह है वह कभी चर्चित नहीं होता।

सफलता के शिखर पर पहुँचने के लिए इस बात से कोई फर्क नहीं पड़ता कि आप युवा है या वृद्ध, पुरुष हैं या महिला, गरीब हैं या अमीर, काले हैं या गोरे, लम्बे हैं या नाटे, सुन्दर हैं या कुरूप, अपाहिज है या सुशरीर, उच्च शिक्षित हैं या कम शिक्षित। अतः आप सफलता के लिए कोई बहाना न बनाएँ, न ही ईश्वर या परवरदिगार से शिकवा-शिकायत करें कि उसने हमें ये नहीं दिया, वो नहीं दिया साथ ही, किसी शायर की दो पंक्तियाँ याद रखें—

शिकवा कभी न कर उस परवरदिगार से
लाखों में गर बुरे हैं तो अच्छे हजार में।

'ऑर्डर ऑफ द मेरिट' से सम्मानित फ्लोरेंस नाइटिंगेल का कहना है कि—मेरी सफलता का श्रेय है कि मैंने कभी कोई बहाना न बनाया और न स्वीकार किया।

आज आप जहाँ भी हैं या कल जहाँ भी होंगे, इसके लिए आप किसी और को जिम्मेदार नहीं ठहरा सकते। इसलिए आज ही चुनाव कीजिए कि सफलता और सपने चाहिए या खोखले बहाने।

शून्य से शिखर तक पहुँचने वाले कुछ ऐसे व्यक्तियों के उदाहरण आपके समक्ष दिए जा रहे हैं, जिन्हें पढ़ कर आपके पास सफलता के लिए प्रयास न कर सकने या सफल न हो पाने के लिए कोई बहाना ही शेष नहीं बचेगा।

मैं अत्यन्त गरीब घर से हूँ

अमेरिका के राष्ट्रपति विल्सन अत्यन्त गरीब घर से थे। उन्होंने बचपन में होस्टलों में बर्तन मांजने का कार्य किया। अमेरिका की खोज करने वाला कोलम्बस जुलाहा था। अन्ध कवि होमन यूनान का भिखारी था। अमेरिका के उप राष्ट्रपति लिंडन बी. जॉनसन नौ वर्ष की अवस्था में फुटपाथ पर बैठ कर बूट पॉलिश करते थे।

भारत पूर्व राष्ट्रपति अब्दुल कलाम आजाद भी गरीब घर के थे।

मेरी लम्बाई बहुत कम है

नेपोलियन बोनापार्ट की लम्बाई बहुत कम थी। भारत के पूर्व प्रधानमंत्री लाल बहादुर शास्त्री की भी लम्बाई कम थी। इसी प्रकार सचिन तेंदुलकर की भी लम्बाई कम है।

मेरे पास धन नहीं है

तीस रुपए की पूँजी से व्यापार करने वाला भारत का शीर्ष उद्योगपति बिड़ला बन गया।

अमेरिका की सड़कों पर मामूली चीजें बेचने वाला बालक अरबपति रॉकफेलर बन गया।

'इन्फोसिस' के पूर्व चेयनमेन नारायण मूर्ति के पास भी धन नहीं था। उन्हें अपनी पत्नी के गहने बेचने पड़े।

एक दुर्घटना में अपाहिज होने के बाद मेरी हिम्मत टूट गई

अमेरिका अश्वेत विल्मा रूडोल्फ ने अपाहिज होने के बाद रोम ओलंपिक में 100 मीटर व 200 मीटर की दौड़ और 400 की रिले दौड़ में स्वर्ण पदक जीते।

प्रसिद्ध वैज्ञानिक स्टीफन हॉकिंग अपाहिज थे।

अमेरिका के राष्ट्रपति फ्रेंकलिन डी. रूजवेल्ट अपाहिज थे।

प्रख्यात नृत्यांगना सुधा चन्द्रन का एक पैर नकली है।

मुझे बचपन से ही मन्दबुद्धि कहा जाता है

प्रसिद्ध चित्रकार पाट्रोडी कोरडोमा बचपन में इतना मन्दबुद्धि माना गया था कि उसे **'गधे का सिर'** कहकर चिढ़ाया जाता था। नाट्यकार शैरीडन की माता से उसके अध्यापक ने कहा था—"ऐसे जड़बुद्धि लड़के से मैं बाज आ गया, इसे घर ले जाइए।" प्रसिद्ध गणितज्ञ सर आइजक न्यूटन अपनी क्लास में सबसे फिसड्डी लड़का था। वॉल्टर स्कॉर्ट के अध्यापक ने स्पष्ट कहा था कि—"यह लड़का जन्म भर बुद्धू रहेगा।" डॉक्टर कैल मर्स और

डॉक्टर कुक को स्कूल से यह कहकर निकाल दिया था कि इन पत्थरों से सिर मारना बेकार है।

मुझे उचित शिक्षा प्राप्त करने का मौका ही न मिला और न मेरे पास विश्वविद्यालय की कोई डिग्री ही है

हवाई जहाज के आविष्कार करने वाले राइट बन्धुओं ने हाईस्कूल की औपचारिक शिक्षा ही पूरी नहीं की थी। धीरूभाई अम्बानी ने कोई औपचारिक शिक्षा पूरी नहीं की थी। लता मंगेशकर और आशा भोंसले ने भी कोई औपचारिक शिक्षा प्राप्त नहीं की थी। ए.आर. रहमान ने तो स्कूल की पढ़ाई अधूरी छोड़ी। फोर्ड मोटर्स के मालिक हेनरी फोर्ड को भी उचित शिक्षा का अवसर नहीं मिला। बिल गेट्स ने अपनी कॉलेज की शिक्षा भी पूरी नहीं की। अत: उन्हें कोई डिग्री नहीं मिली।

मैं कई बार असफलता के मुँह देख चुका हूँ और अब हिम्मत नहीं बची

थॉमस एडीसन ने बिजली के बल्ब के आविष्कार के दौरान 999 बार असफलताओं का सामना किया।

अब्राहम लिंकन 15 बार चुनाव हारने के बाद राष्ट्रपति बने।

मेरी आयु बहुत ज्यादा है

विश्व प्रसिद्ध केंटुकी फ्राइड चिकेन के मालिक ने 60 वर्ष की आयु में पहला रेस्तरा खोला था।

फिलिप्स फांग ने केवल 80 दिनों पूरी दुनिया का चक्कर लगाया था, उस समय उनकी आयु 65 वर्ष थी।

मेरी कम्पनी एक बार दिवालिया हो चुकी है। अब मुझ पर कौन विश्वास करेगा?

दुनिया की सबसे बड़ी शीतल पेय निर्माता कम्पनी पेप्सी कोला भी दो बार दिवालिया हो चुकी है।

40 वर्ष की उम्र में हेनरी फोर्ड दिवालिया हो गए थे।

मैं छोटी-सी नौकरी करता हूँ, मेरा क्या भविष्य है?

धीरूभाई अम्बानी भी छोटी-सी नौकरी करते थे।

मैं ढेर सारी बीमारियों से ग्रसित हूँ

'वर्जिन एयरलाइंस' के प्रमुख अनेकों बीमारियों से ग्रसित थे।

अमेरिका के राष्ट्रपति रूजवेल्ट के दोनों पैर काम नहीं करते थे। इसके अलावा भी उन्हें कई बीमारियाँ थीं।

बचपन में ही मेरे पिताजी का देहान्त हो गया था

सुप्रसिद्ध संगीतकार ए.आर. रहमान के पिता का भी देहान्त बचपन में हो गया था।

पूर्व प्रधानमंत्री लालबहादुर शास्त्री के पिता का देहान्त भी बचपन में हो गया था।

मैं बचपन से ही अस्वस्थ रहा हूँ

ऑस्कर विजेता अभिनेत्री मुर्लिन मुनरो भी बचपन से बहरी व अस्वस्थ थी।

मेरे पास बहुमूल्य आइडिया है, पर लोग उसे स्वीकार नहीं करते।

जेरॉक्स फोटोकॉपी मशीन के आइडिया को भी अनेक कम्पनियों ने अस्वीकार कर दिया था, पर उसका परिणाम हम सब के सामने है।

मेरा दो बार नर्वस ब्रेक डाउन हो चुका है, अब क्या कर पाऊँगा?

डिज्नीलैंड बनाने वाले वॉल्ट डिज्नी का तीन बार नर्व ब्रेक डाउन हुआ था।

मैंने साईकिल पर गली-गली घूम कर आधी जिन्दगी गुजारी है

निरमा वाशिंग पाउडर के करसनभाई पटेल ने भी साईकिल पर निरमा बेच कर आधी जिन्दगी गुजारी।

मेरे ऊपर बचपन से ही परिवार की जिम्मेदारी आ पड़ी

लता मंगेशकर को भी बचपन से परिवार की जिम्मेदारी उठाना पड़ी।

मैंने तो फुटपाथ पर रातें गुजारी हैं, मेरा क्या भविष्य है?

कालीघाट के फुटपाथ पर रातें गुजारने वाला बालक भारत का सर्वोच्च संगीतकार अलाउद्दीन खां बन गया।

मैं काला-कलूटा, बदसूरत हूँ, क्या उपलब्धि पा सकता हूँ?

अपने ढंग का बेजोड़ कथाओं का रचनाकार ईसप काला-कलूटा और कुरूप था।

चेचक के दाग वाला नाट्यकर्मी ओमपुरी बालीवुड का सफल अभिनेता बना।

मैं तो मन्दिर में खाना खाकर गुजारा करता हूँ, मेरा क्या भविष्य है?

सूचना तकनीक की दुनिया बदलने वाले स्टीव जॉब्स को भला कौन नहीं जानता, लेकिन मोबाइल और कम्प्यूटर की दुनिया के इस बेताज बादशाह का प्रारम्भिक जीवन संघर्ष और कठिनाइयों से भरा हुआ था। उनके माता-पिता ने उन्हें किसी और को गोद दे दिया था। अध्ययन के दौरान उनके पास रहने के लिए कमरा तक नहीं था और वे मित्रों के घर पर फर्श पर सोते थे। यहाँ तक कि वे भोजन के लिए भी वे एक कृष्ण मन्दिर पर निर्भर थे। उन्हें अपने कॉलेज की पढ़ाई भी बीच में छोड़नी पड़ी थी। एक समय ऐसा भी आया, जब उन्हें उन की ही कम्पनी से निकाल दिया गया, लेकिन अपने लगातार प्रयासों और लगन से अपने सपने को साकार किया और दुनिया की सबसे सफल मोबाइल और कम्प्यूटर कम्पनी में से एक 'एप्पल' के संस्थापक बन गए।

उपर्युक्त उदाहरण स्पष्ट करते हैं कि इस दुनिया में असम्भव कुछ भी नहीं, हम वह सब कर सकते हैं, जो हम सोच सकते हैं और हम वह सब सोच सकते है, जो आज तक हमने कभी सोचा नहीं। किसी ने ठीक ही कहा है—

चलते रहे कदम तो किनारा जरूर मिलेगा
अन्धकार से लड़ते रहो, सवेरा जरूर मिलेगा
जब हमने ठान लिया मंजिल पर जाना, रास्ता जरूर मिलेगा
राही न थक, चल, एक दिन समय जरूर फिरेगा।

संत मुनि तरुणसागर जी का कथन याद रखिए—बहाना और सफलता एक साथ नहीं चलते। अगर आप सफल होना चाहते हैं, तो बहाना बनाना छोड़ दीजिए और बहाना बना रहे हैं, तो सफलता को भूल जाइए। 'मैं नहीं कर सकता।' यह सबसे बुरा बहाना है। दरअसल बहाना आलसी लोगों का खजाना है। बहाने से आप दूसरों को सन्तुष्ट कर सकते हैं, पर खुद को नहीं। अगर आप जीवन में सफल होना चाहते हैं, तो इस आदत से तुरन्त तौबा कर लीजिए।

✪✪✪